AF238681

essentials

Essentials liefern aktuelles Wissen in konzentrierter Form. Die Essenz dessen, worauf es als „State-of-the-Art" in der gegenwärtigen Fachdiskussion oder in der Praxis ankommt. *Essentials* informieren schnell, unkompliziert und verständlich

- als Einführung in ein aktuelles Thema aus Ihrem Fachgebiet
- als Einstieg in ein für Sie noch unbekanntes Themenfeld
- als Einblick, um zum Thema mitreden zu können

Die Bücher in elektronischer und gedruckter Form bringen das Fachwissen von Springerautor*innen kompakt zur Darstellung. Sie sind besonders für die Nutzung als eBook auf Tablet-PCs, eBook-Readern und Smartphones geeignet. *Essentials* sind Wissensbausteine aus den Wirtschafts-, Sozial- und Geisteswissenschaften, aus Technik und Naturwissenschaften sowie aus Medizin, Psychologie und Gesundheitsberufen. Von renommierten Autor*innen aller Springer-Verlagsmarken.

Julia Voß ·
Clara Meyer zu Altenschildesche ·
Kerstin Ettl

Innovatorinnen gestalten Zukunft

Fallstudien für Praxis und Lehre

Julia Voß
Fachbereich Wirtschaft und Informationstechnik
Westfälische Hochschule
Bocholt, Deutschland

Clara Meyer zu Altenschildesche
Institut für Journalismus und Public Relations
Westfälische Hochschule
Gelsenkirchen, Deutschland

Kerstin Ettl
Fachbereich Wirtschaft und Informationstechnik
Westfälische Hochschule
Bocholt, Deutschland

ISSN 2197-6708   ISSN 2197-6716 (electronic)
essentials
ISBN 978-3-658-44926-1   ISBN 978-3-658-44927-8 (eBook)
https://doi.org/10.1007/978-3-658-44927-8

Die Deutsche Nationalbibliothek verzeichnet diese Publikation in der Deutschen Nationalbiblio-grafie; detaillierte bibliografische Daten sind im Internet über https://portal.dnb.de abrufbar.

Planung/Lektorat: Irene Buttkus
Springer Gabler ist ein Imprint der eingetragenen Gesellschaft Springer Fachmedien Wiesbaden GmbH und ist ein Teil von Springer Nature.
Die Anschrift der Gesellschaft ist: Abraham-Lincoln-Str. 46, 65189 Wiesbaden, Germany

Wenn Sie dieses Produkt entsorgen, geben Sie das Papier bitte zum Recycling.

Die Originalversion des Buchs wurde revidiert. Ein Erratum ist verfügbar unter
https://doi.org/10.1007/978-3-658-44927-8

Was Sie in diesem *essential* finden können

- Praxisorientierte Fallstudien als reale Beispiele und Szenarien, die das Verständnis der Rolle von Frauen und Diversität in Innovationsprozessen fördern und zur Diskussion anregen
- Einen differenzierten Einblick in unterschiedliche Formen von Innovationen in verschiedenen Sektoren zur Erweiterung des eigenen Innovationsverständnisses
- Einen interdisziplinären didaktischen Ansatz durch eine systematische Aufbereitung der Fallstudien für den einfachen Einsatz in der Lehre und Praxis in unterschiedlichen Disziplinen

Vorbemerkung

Diese Sammlung entstand im Rahmen des vom Bundesministerium für Bildung und Forschung geförderten Forschungsprojekts „WE! Vom Labor in den Mittelstand: Westfälische Erfinderinnen. Analyse der Potenziale und Sichtbarmachung innovativer Frauen in regionalen Innovationsökosystemen" (FKZ 01FP21061). Die Verantwortung für den Inhalt dieser Veröffentlichung liegt bei den Autorinnen. Ein besonderer Dank gilt der Studentin Sophie Weber, der Westfälischen Hochschule, dem Institut für Innovationsforschung und -management sowie dem Institut für Journalismus und Public Relations in der Gestaltung und Weiterentwicklung des Essentials.

Inhaltsverzeichnis

Einleitung

„Innovatorinnen gestalten Zukunft – Fallstudien für Praxis und Lehre" illustriert die Rolle von Frauen in Innovationsprozessen und hebt in diesem Zusammenhang die Bedeutung von Diversität und Sichtbarkeit hervor. Angesichts globaler Herausforderungen wie dem Klimawandel und der Ressourcenverknappung betont dieses essential die Notwendigkeit, Innovationspotenziale voll auszuschöpfen. Hierzu bietet es eine Sammlung praxisnaher Fallstudien, die auf realen Beispielen basieren, ein breites Spektrum an Innovationsaspekten abdecken und die Lesenden zur Reflexion des Themas anregen. Jede Fallstudie ist mit einer „Teaching Note" versehen, die Lernziele, Leitfragen und Literaturhinweise ergänzt, was sie zu einem wertvollen Instrument sowohl in der (akademischen) Lehre als auch in der beruflichen Praxis macht. Die Fallstudiensammlung zielt darauf ab, das Bewusstsein der Lesenden für die Bedeutung von Diversität und Sichtbarkeit in Innovationsprozessen zu schärfen und richtet sich insbesondere an Studierende und Praktiker:innen, die sich für Innovationen, die Beiträge von Innovatorinnen und (Innovations-)Strategien interessieren.

Eine Welt, die durch stetigen Wandel geprägt ist und in der Themen wie der Klimawandel, Ressourcenverknappung und Migration allgegenwärtig sind, erfordert innovative Ideen und kreative Lösungsansätze. Innovationen helfen uns, den großen Herausforderungen unserer Zeit zu begegnen, unsere Zukunft aktiv zu gestalten und Fortschritt, Wohlstand sowie eine nachhaltige Entwicklung voranzutreiben. Aus volkswirtschaftlicher und gesamtgesellschaftlicher Sicht ist es entscheidend, das gesamte vorhandene Innovationspotenzial zu erschließen und zu nutzen. In der Realität zeigt sich jedoch, dass Frauen, die in den als innovativ bezeichneten Domänen wie beispielsweise dem Gründungs- oder Forschungsbereich tätig sind, bis dato stark unterrepräsentiert und zudem als Innovatorinnen

J. Voß et al., *Innovatorinnen gestalten Zukunft*, essentials, https://doi.org/10.1007/978-3-658-44927-8_1

weniger sichtbar sind. Dieser Umstand lässt sich auf verschiedene Faktoren zurückführen, unter anderem auf einen Innovationsbegriff, der oft männlich und technologisch konnotiert ist, auf eine Innovationsforschung, die sich hauptsächlich auf produktions- und technologieintensive Branchen konzentriert, in denen Frauen weniger präsent sind, und auf eine mediale Darstellung von Innovatorinnen, die gängige Stereotype und Vorurteile manifestiert. Sektoren wie der soziale Bereich, in denen Frauen verstärkt Innovationen vorantreiben, werden dabei vernachlässigt.

Mit der vorliegenden Fallstudiensammlung werden neue Perspektiven auf Innovationen und Innovatorinnen eröffnet. Sie zielt darauf ab, Lesende zur Reflexion anzuregen und dadurch Wege für zukünftige Innovationen aufzuzeigen. Die Fallstudien vermitteln dabei einen breiten Innovationsbegriff und zeigen auf, wie Frauen in unterschiedlichsten Rollen – sei es als Unternehmerinnen, soziale Initiatorinnen, Forscherinnen oder Fachexpertinnen in der Wirtschaft – als treibende Kräfte hinter Innovationen stehen. Die Auswahl und Anordnung der Fallstudien orientiert sich dabei an diesen unterschiedlichen Bereichen des Innovationsgeschehens. Angelehnt an tatsächliche Beispiele, werfen die Fallstudien Licht auf die persönlichen Erfahrungen, Ansätze und Herausforderungen dieser Innovatorinnen. Zur didaktischen Reduktion und um den Schutz der Privatsphäre der Innovatorinnen zu gewährleisten, wurden ihre Namen anonymisiert und einige Fakten und Informationen zu Personen, ihren Tätigkeiten und Verhaltensweisen für die Fallstudien modifiziert.

Überblick über „Innovatorinnen gestalten Zukunft – Fallstudien für Praxis und Lehre"

Welche Ziele verfolgt das Werk?

- Das Bewusstsein der Lesenden für die Bedeutung von Diversität und Sichtbarkeit in Innovationsprozessen schärfen
- Lernräume eröffnen, in denen Lösungen diskutiert und die Lesenden zur Reflexion angeregt werden
- Zukünftige Generationen für Innovationen begeistern und einen reflektierten Umgang mit diesen fördern
- Einen Beitrag zu einer inklusiveren und diverseren Innovationslandschaft leisten

Für wen eignet sich das Werk?

- Für alle Anwender:innen, die Lern- und Diskussionsräume rund um das Thema „Innovation" erschließen möchten
- Für Lehrende im Hochschulkontext, die die Fallstudien in der akademischen Lehre in geistes-, wirtschafts-, sozial- und innovationswissenschaftlichen Fächern einsetzen möchten (insbesondere bei Studierenden im höheren Bachelorstudium oder im Masterstudium)
- Für Trainer:innen und Vertreter:innen der Personalentwicklung, die die Fallstudien als ergänzendes Workshop-Material für organisationale und individuelle Trainings nutzen möchten (zum Beispielim Führungskräftebereich)

Wie können die Fallstudien zielgerichtet angewendet werden?

- Jede Fallstudie kann aus einer der drei Hauptperspektiven Innovation, Diversität oder Sichtbarkeit behandelt werden.
- Um die Fallstudien effektiv nutzen zu können, sollten die Anwender:innen vorab einen Input zum entsprechenden thematischen Schwerpunkt erhalten, um mit den Fachtermini und den theoretischen Konstrukten vertraut zu sein.
- Jede Fallstudie umfasst sodann eine eigene Teaching Note, die eine Kurzzusammenfassung der Fallstudie enthält, Lernziele benennt, beispielhafte Leitfragen skizziert, weiterführende Literaturhinweise bereithält und Tipps zum didaktisch sinnvollen Einsatz des Falls gibt.

Werte und Wandel in Familienunternehmen

Die Fallstudie porträtiert Ariane Meisner, die nach dem unerwarteten Ausscheiden ihres Vaters die Führung des langjährigen Familienbetriebs übernimmt und sich als Unternehmensnachfolgerin in einem Industrieunternehmen neben wirtschaftlichen und sozialen Herausforderungen mit einer traditionell geprägten Unternehmenskultur konfrontiert sieht. Unter schwierigen wirtschaftlichen Rahmenbedingungen entwickelt sie neue Ansätze, um das Unternehmen innovativ und effizient aufzustellen. Der Fall zeigt, wie es durch den Einsatz von Prozessinnovationen, Kommunikation und Transparenz gelingen kann, eine bislang traditionell und maskulin geprägte Unternehmenskultur zu verändern und ein mittelständisches Unternehmen nachhaltig erfolgreich aufzustellen.

2.1 Teaching Note

Lernziele, Literatur und Fragestellungen zur Fallbearbeitung

Unternehmensnachfolge begreifen: Ein Verständnis für generelle Chancen und Herausforderungen der Unternehmensnachfolge entwickeln

- Wie ist der Prozess der Übernahme des Unternehmens durch Ariane Meisner verlaufen?

© Der/die Autor(en) 2024, korrigierte Publikation 2024
J. Voß et al., *Innovatorinnen gestalten Zukunft*, essentials,
https://doi.org/10.1007/978-3-658-44927-8_2

- Welche Vor- und Nachteile ergeben sich aus der plötzlichen Unternehmens-nachfolge im Fall von Ariane Meisner im Vergleich zu einer geplanten, schrittweisen Unternehmensnachfolge?
- LeCounte, J. F. (2022). Founder-CEOs: Succession planning for the success, growth, and legacy of family firms. *Journal of Small Business Management, 60*(3), 616–633. https://doi.org/10.1080/00472778.2020.172 5814
- Porfírio, J. A., Felício, J. A., & Carrilho, T. (2020). Family business succession: Analysis of the drivers of success based on entrepreneurship theory. *Journal of Business Research, 115*, 250–257. https://doi.org/10.1016/j.jbu sres.2019.11.054

Unternehmenskultur in Familienunternehmen analysieren: Ein Verständnis entwickeln für die Herausforderungen, die speziell Nachfolgerinnen in traditionell männlich-dominierten Unternehmen erleben

- Wie lässt sich der anfängliche unternehmensinterne Widerstand gegen Ariane Meisner erklären? Welche verschiedenen Rollenkonflikte und Stereotype kommen hier zum Tragen?
- Welche Strategien setzt Ariane Meisner ein, um diesen Herausforderungen zu begegnen und eine inklusivere Unternehmenskultur zu fördern? Welche weiteren Maßnahmen könnten zusätzlich effektiv zur Überwindung vorhandener Widerstände beitragen?
- Bağış, M., Kryeziu, L., Kurutkan, M. N., & Ramadani, V. (2023). Women entrepreneurship in family business: Dominant topics and future research trends. *Journal of Family Business Management, 13*(3), 687–713. https://doi. org/10.1108/JFBM-03-2022-0040
- Kuschel, K., Ettl, K., Díaz-García, C., & Alsos, G. A. (2020). Stemming the gender gap in STEM entrepreneurship – insights into women's entrepreneurship in science, technology, engineering and mathematics. *International Entrepreneurship and Management Journal, 16*(1), 1–15. https://doi.org/10.1007/s11365-020-00642-5

Prozessinnovationen kennenlernen: Kenntnis von Prozessinnovationen erlangen, die verschiedene Funktionen eines Unternehmens betreffen

- Welche spezifischen Prozessinnovationen wurden unter der Leitung von Ariane Meisner eingeführt? Was waren die Beweggründe von Ariane Meisner für die Einführung dieser Prozessinnovationen?

- Wie bindet Ariane Meisner Mitarbeiter:innen, Kund:innen und andere Stakeholder in den Prozess der Einführung von Prozessinnovationen ein? Welche Auswirkungen haben sich hierdurch auf die Entwicklung des Unternehmens nach ihrer Übernahme ergeben?
- Diaz-Moriana, V., Clinton, E., Kammerlander, N., Lumpkin, G. T., & Craig, J. B. (2020). Innovation Motives in Family Firms: A Transgenerational View. *Entrepreneurship Theory and Practice, 44*(2), 256–287. https://doi.org/10.1177/1042258718803051
- Erdogan, I., Rondi, E., & Massis, A. de (2020). Managing the Tradition and Innovation Paradox in Family Firms: A Family Imprinting Perspective. *Entrepreneurship Theory and Practice, 44*(1), 20–54. https://doi.org/10.1177/1042258719839712◄

Einsatzfelder und Nutzungshinweise

Die Fallstudie kann sowohl für Studierende in Vorlesungen und Seminaren zu Themen wie Unternehmensführung, Unternehmensnachfolge und Organisationsverhalten genutzt werden als auch in Kursen, die genderbezogene Fragestellungen betrachten. Außerdem können in der Führungskräfteentwicklung – insbesondere für Führungskräfte von kleinen und mittleren Unternehmen – mithilfe der Fallstudie die Themenfelder Management, Kommunikation, Führung, Innovation und Transformation beleuchtet werden.

Die Fallstudie bietet sich ideal für eine interaktive Erarbeitung an. Zu Beginn sollten alle Teilnehmenden mit den theoretischen Grundlagen vertraut gemacht und dazu angehalten werden, die Fallstudie sowie die ergänzende Fachliteratur eigenständig zu studieren. Darauf aufbauend bieten sich Diskussionen in Kleingruppen an, die durch ergänzende Internetrecherchen angereichert werden können. Eine anschließende Diskussion im Plenum fördert eine ganzheitliche Reflexion und Auseinandersetzung mit dem Thema. Rollenspiele bieten zudem die Möglichkeit, verschiedene Gesprächssituationen und Gedankengänge aus den Blickwinkeln von Ariane Meisner, den Mitarbeitenden und Beratenden nachzuvollziehen. So lässt sich beispielsweise eine Beratungsszene inszenieren, in der ein:e externe:r Berater:in die Herausforderungen von Ariane Meisner aufgreift und durch gezielte, reflexive Fragen Einsichten in ihr Führungs- und Managementverhalten vermittelt.◄

Was macht die Innovation und die Innovatorin in dieser Fallstudie aus?

Ariane Meisner legt in ihrer Rolle als Geschäftsführerin einen klaren Fokus auf Prozessinnovationen. Sie setzt dabei auf moderne Managementmethoden, klare Strukturen und Verantwortlichkeiten, eine verbesserte Kommunikation – intern wie extern – und die Einbindung der Mitarbeitenden, Kund:innen und Stakeholder in den Innovationsprozess. Diese Maßnahmen tragen entscheidend zur Effizienzsteigerung und zur Schaffung einer dynamischen, innovativen und zukunftsorientierten Unternehmenskultur bei.

Arianes Bereitschaft, sich neuen Herausforderungen zu stellen, ihre visionäre Führung, ihr werteorientierter Ansatz, ihre Entscheidungsfähigkeit, ihr Fokus auf Mitarbeitendenentwicklung und ihr persönliches Wachstum zeichnen die Innovatorin dieser Fallstudie aus.◄

2.2   Die Fallstudie

Ariane Meisner schließt die Augen und atmet ein. Der wohlbekannte metallische Geruch steigt ihr in die Nase. Seit sie denken kann, ist dieser Geruch fester Bestandteil ihrer Erinnerungen: Wie sie als kleines Mädchen an der großen Fräse verstecken spielte mit dem gutmütigen Mitarbeiter Achim, der für sie schon damals quasi zum Inventar des Unternehmens gehörte. Wie sie als Jugendliche in den Ferien als „nettes Töchterlein vom Boss" in der Urlaubszeit mit aushalf und die Maschinen bestücken sollte, angeleitet und ab und an ermahnt von den anderen Mitarbeitenden. Wie sie kicherte, während zwei Mitarbeitende auf einem der legendären Sommerfeste mit ihr Fangen vor dem großen Tor der Lagerhalle spielten.

Ariane öffnet die Augen und blickt sich in der Produktionshalle des Unternehmens um, das nun bereits in dritter Generation mit der Hilfe von 42 Mitarbeitenden technische Präzisionskomponenten herstellt. Die unbeschwerten Tage von damals scheinen Lichtjahre entfernt. Seit der Krebserkrankung ihres Vaters vor sechs Jahren und seinem damit verbundenen plötzlichen Ausscheiden aus dem Unternehmen hat sich in Arianes Leben viel verändert. Damals war sie 25 Jahre alt und wurde kurz vor Ende ihres Masterstudiums der BWL unerwartet vor die Wahl gestellt: „Entweder du übernimmst das Unternehmen oder wir müssen es verkaufen". Auch wenn es für die Unternehmensnachfolge damals noch gar keinen Platz in ihrem Lebenskonzept gab – eigentlich wollte sie doch erst in einem Großkonzern so richtig durchstarten –, das Lebenswerk ihres Vaters verkaufen? Das kam für sie nicht infrage. Statt wie ihre anderen Freund:innen zum Fachschaftsstammtisch zu gehen, brütete Ariane also über der Buchhaltung; statt Partys und sonnigen Tagen auf den Uniwiesen standen für sie Finanzkennzahlen und Business-Pläne auf der Agenda. Von ihren Freund:innen fühlte sie sich damals wenig verstanden und alleingelassen. Sie erinnert sich noch gut, wie ihre beste Freundin Nina halb im Scherz, halb im Ernst zu ihr sagte: „Du hast gar keine Zeit mehr und nur noch das Unternehmen im Kopf. Bist so eine richtige Business-Tante geworden." Damals musste Ariane schwer schlucken. Natürlich war ihr das Unternehmen wichtig, aber eine reine „Karrierefrau" wollte sie auch nicht sein.

Nicht nur in ihrem Freundeskreis war die Zeit der Unternehmensübernahme von Widerständen geprägt. Auch ein schlechtes weltwirtschaftliches Klima drohte der Nachwuchsunternehmerin damals einen Strich durch die Rechnung zu machen. Einen gewissen Schuldenberg übernahm sie direkt zu Beginn, weitere Investitionen in das Unternehmen folgten, um dieses neu und modern aufzustellen. Vor Terminen mit der Bank drehte sich Ariane damals regelmäßig der Magen um, abends ließen sie die Summen, die sie für das Unternehmen aufgenommen hatte, kaum einschlafen. Auch bei vielen Entscheidungen, die aufgrund der Wirtschaftslage häufig spontan getroffen werden mussten, fühlte sie sich unsicher. Ihren schwerkranken Vater wollte sie mit den Angelegenheiten des Unternehmens nicht behelligen; in ihrem Umfeld kannte sie niemanden, der eine ähnliche Position hatte und den sie sich zum Vorbild hätte nehmen können. Um dieses Informationsdefizit auszugleichen, nahm Ariane schließlich eine externe Beratung für kleine und mittlere Unternehmen in Anspruch.

Neben diesen privaten und finanziellen Herausforderungen brachten Ariane auch unternehmensinterne Themen oft aus dem Gleichgewicht, sodass die ersten Monate von einem unruhigen Arbeitsumfeld geprägt waren. Die Mitarbeitenden waren skeptisch, wie eine studierte „Theoriefrau", die doch „so ganz anders als der Vater keine Ahnung von Technik" hatte, das Unternehmen aus seiner wirtschaftlich herausfordernden Lage befreien sollte. Sie erinnert sich noch gut, wie Achim bei einem ihrer ersten Rundgänge durch die Produktion in ihrer neuen Rolle als Geschäftsführerin in gebrochenem Deutsch zu ihr sagte: „Ariane, du jetzt nicht mehr im Versteck, sondern so schick und wichtig hier bei uns – ist irgendwie komisch jetzt." Solche Situationen wiederholten sich in ihren ersten Wochen als Geschäftsführerin immer wieder. Mal war es das latente Gefühl, in der Runde der Vorarbeiter bei technischen Fragen übergangen zu werden; an einem anderen Tag die Frage durch die Mitarbeiterin Agnieszka, ob Ariane sich

mit der Unternehmensführung also nun gegen das Thema Familienplanung entschieden habe. Ariane verspürte vermehrt den Druck, sich in dieser sehr direkten,
technisch und traditionell geprägten Umgebung zu behaupten. Darüber hinaus
erwischte sie sich häufig dabei, wie sie Aufgaben übernahm, die sie in ihrer
Rolle als Geschäftsführerin eigentlich nicht bearbeiten sollte und die sie einige
Überstunden kosteten – hier einen halben Tag Rechnungen an Kunden versen-
den, dort die penible stundenlange Qualitätskontrolle der Produkte. Als sie sich
hierüber bei einem ihrer externen Berater beschwerte, sagte dieser nur ganz tro-
cken: „Du nimmst ihnen ja auch alles ab. Deine Mitarbeitenden haben ja gar
nicht die Chance, sich als kompetent zu erleben." Dies brachte Ariane zum
Nachdenken. Ihr Berater fragte sie auch nach Werten, für die das Unternehmen
zukünftig stehen sollte. Während Arianes Vater viel Wert auf das technische Pres-
tige des Unternehmens nach außen gelegt hatte, war dies nicht unbedingt das
Image, das Ariane für das Familienunternehmen im Fokus sah. Natürlich sollte
die Firma für Innovation stehen, aber in Zeiten des Fachkräftemangels war es
Ariane besonders wichtig, einen Ort zu schaffen, an dem alle Unternehmensan-
gehörigen gerne arbeiten und ihr Fachwissen und ihre Kompetenzen erweitern
können. Transparenz, Zusammenarbeit und schlanke Prozesse sollten nach ihrer
Vorstellung zentrale Bausteine der Firmenphilosophie werden, um Arbeits- und
Informationsflüsse zu optimieren, eine starke Fokussierung auf Kundenwünsche
zu ermöglichen und so nachhaltig die Wettbewerbsfähigkeit zu sichern.

Nach anfänglichen Schwierigkeiten und vielen Zweifeln, die Ariane plag-
ten, begann sie, basierend auf den Werten Transparenz, Zusammenarbeit und
schlanke Prozesse eine Strategie zu entwickeln, um das Unternehmen wirtschaftlich wieder auf Kurs zu bringen und die Unternehmenskultur zu transformieren.
Die ersten Versuche, Veränderungen einzuführen, stießen auf Skepsis: Die Einführung von „Lean Management" wurde zunächst als „neumodischer Quatsch"
abgetan und feuerte Gerüchte über mögliche Entlassungen an. Auch gegen die
verstärkte Zusammenarbeit und gemeinsame Produkt- und Innovationsentwick-
lung sowohl mit Kund:innen wie mit Wettbewerber:innen gab es Bedenken. Eine
weitere Veränderung, die Ariane umsetzte, war die Formalisierung von Prozessen.
Als Ariane zu Beginn der Übernahme nach einer Dokumentation unterneh-
mensinterner Zuständigkeiten und Verantwortlichkeiten gefragt hatte, hatte man
sie verständnislos angeschaut. Zwar waren die Abläufe allen bekannt, aber
nirgendwo schriftlich festgehalten, sodass es die Nachfolgeunternehmerin mehr-
faches, unangenehmes Nachfragen kostete, die internen Kommunikationswege
und Themenverantwortlichen nachzuvollziehen. Die von ihr initiierte Festlegung
klarer Hierarchien und Verantwortlichkeiten und deren Visualisierung in einem

Organigramm wurde zunächst belächelt, sorgte aber schnell dafür, dass Informationen gebündelter und strukturierter an Ariane herangetragen wurden. Auch eine umfassendere Dokumentation und die darauffolgende – oft technische – Umstellung weiterer Prozesse sorgte nach anfänglichem Murren in der Belegschaft bald für eine höhere Effizienz und größere Klarheit. In Bezug auf die Zusammenarbeit führte Ariane ein Kommunikations- und Feedbackkonzept ein. Sie organisierte regelmäßige Meetings und informierte die Mitarbeitenden über aktuelle Herausforderungen, die finanzielle und wirtschaftliche Lage sowie die Vision des Unternehmens. Sie investierte in Schulungen für die Mitarbeitenden und ermutigte sie, eigene Vorschläge zur Prozessoptimierung einzubringen. Außerdem führte sie jährliche Feedbackgespräche mit allen Mitarbeitenden ein. Wichtig war Ariane hierbei, auch selbst Feedback als Führungskraft zu erhalten, um das Vertrauen der Belegschaft zu gewinnen und sich als Führungskraft auf gleicher Augenhöhe zu positionieren. Obwohl diese Maßnahmen von vielen Mitarbeitenden positiv gesehen wurden und ihnen das Gefühl vermittelten, einen aktiven Beitrag zur Unternehmensentwicklung zu leisten, blockten andere die Veränderungen kategorisch ab. Ariane hatte das Gefühl, diese Mitarbeitenden nicht mehr zu erreichen. Sie hörte Sätze wie: „Wozu soll das gut sein? Wir sind doch zum Arbeiten hier. Halten wir jetzt auch Händchen und singen fröhliche Lieder?" Zwei Mitarbeiter aus dem Lager verweigerten sich Arianes Wunsch, neue Maßnahmen auszuprobieren und verwickelten andere Kolleg:innen in hitzige, aufwiegelnde Diskussionen. Als die beiden Unruhestifter immer später zur Arbeit erschienen, sah sich Ariane gezwungen, ihre ersten beiden Abmahnungen auszustellen. Dies heizte die Stimmung weiter an, sodass Ariane letztendlich keinen anderen Ausweg sah, als den beiden Mitarbeitern zu kündigen. Sie wollte ein Zeichen setzen, dass sie zwar offen und gesprächsbereit war, aber auch Disziplin erwartete und andernfalls Konsequenzen folgen ließ.

Während Ariane diese Gedanken Revue passieren lässt und sich in der Produktion umsieht, lächelt sie in sich hinein: „Das Wasser, in das ich geschmissen wurde, war eisig – also musste ich schnell lernen, darin zu schwimmen."

Diese Fallstudie beleuchtet die Reise von Aylin Kaya, einer talentierten Mehr-
fachgründerin mit türkischen Wurzeln. Zwischen den Herausforderungen traditioneller Erwartungen und kultureller Einflüsse strebt Aylin danach, zwei
Unternehmen ins Leben zu rufen. Zunächst gründet sie nach ihrer Zulassung
zur Rechtsanwaltschaft eine Anwaltskanzlei. Anschließend ruft sie mit einem
weiteren Gründer ein Start-Up ins Leben, das im Bereich Legal Tech anzusie-
deln ist. Der Fall verdeutlicht eindrucksvoll, wie das Umfeld und die persönliche
(Karriere-)Entwicklung in Wechselwirkung stehen und welche Rolle kulturelle
Erwartungen, berufliche Netzwerke und persönliche Kompetenzen in diesem
Prozess spielen können.

3.1 Teaching Note

Lernziele, Literatur und Fragestellungen zur Fallbearbeitung

**Gemeinsame vs. Einzelgründungen reflektieren: Vor- und Nachteile von
Gründungen in Teams im Vergleich zu Solo-Gründungen benennen können**

- Wie ergänzen sich die Fähigkeiten und Kenntnisse von Aylin Kaya und
  Markus in ihrer gemeinsamen Gründung? Welche Kriterien sollten bei der
  Wahl eines/einer Mitgründer:in beachtet werden?

© Der/die Autor(en) 2024, korrigierte Publikation 2024
J. Voß et al., *Innovatorinnen gestalten Zukunft*, essentials,
https://doi.org/10.1007/978-3-658-44927-8_3

- Was sind generelle Vor- und Nachteile einer Gründung im Team im Vergleich zu einer Solo-Gründung?
- Bengtsson, M., Raza-Ullah, T., & Srivastava, M. K. (2020). Looking different vs thinking differently: Impact of TMT diversity on coopetition capability. *Long Range Planning, 53*(1), 101.857. https://doi.org/10.1016/j.lrp.2018.11.001
- Knight, A. P., Greer, L. L., & Jong, B. de (2020). Start-Up Teams: A Multidimensional Conceptualization, Integrative Review of Past Research, and Future Research Agenda. *Academy of Management Annals, 14*(1), 231–266. https://doi.org/10.5465/annals.2018.0061

Ein Bewusstsein für soziale Rollenerwartungen und kulturelle Prägungen bilden: Herausforderungen, denen Unternehmer:innen mit unterschiedlichen kulturellen Hintergründen gegenüberstehen, verstehen

- Inwiefern manifestieren sich in der Fallstudie traditionelle Rollenbilder, kulturelle Prägungen und soziale Erwartungen? Wie passen diese zu den Rollen von Aylin Kaya als Gründerin, als Anwältin und als Mutter?
- Wie balanciert Aylin Kaya die Bewahrung traditioneller Werte mit dem Streben nach modernem Unternehmertum und Innovation, und welche Kompromisse muss sie hierzu eingehen?
- Bullough, A., Guelich, U., Manolova, T. S., & Schjoedt, L. (2022). Women's entrepreneurship and culture: Gender role expectations and identities, societal culture, and the entrepreneurial environment. *Small Business Economics, 58*(2), 985–996. https://doi.org/10.1007/s11187-020-00429-6
- Essers, C., Pio, E., Verduijn, K., & Bensliman, N. (2021). Navigating belonging as a Muslim Moroccan female entrepreneur. *Journal of Small Business Management, 59*(6), 1250–1278. https://doi.org/10.1080/00472778.2020.1769989

Diverse unternehmerische Karrierewege sichtbar machen: Ein Verständnis für die Vielfältigkeit von Gründungsmöglichkeiten bis hin zur Mehrfachgründung entwickeln

- Wie entstand die Idee zur Gründung von Aylin Kayas beiden Unternehmen? Welche Inspirationen oder Erfahrungen führten in ihrem Fall zu diesen Schritten?
- Welche Chancen und Herausforderungen können sich für Aylin Kaya aus der Entscheidung für ihre Mehrfachgründungen ergeben? Welche Vor- und

Nachteile sollten im Allgemeinen bei der Betrachtung von Mehrfachgründungen berücksichtigt werden?

- Carbonara, E., Tran, H. T., & Santarelli, E. (2020). Determinants of novice, portfolio, and serial entrepreneurship: An occupational choice approach. *Small Business Economics, 55*(1), 123–151. https://doi.org/10.1007/s11187-019-00138-9
- José Ibáñez, M., & Guerrero, M. (2022). Women serial high-tech entrepreneurs: a literature review and research agenda. In D. Audretsch, M. Belitski, N. Rejeb, & R. Caiazza (Eds.), *Developments in Entrepreneurial Finance and Technology* (pp. 39–66). Edward Elgar Publishing. https://doi.org/10. 4337/9781800884342.00009◄

Einsatzfelder und Nutzungshinweise

Der Fall richtet sich insbesondere an Student:innen und Praktiker:innen, die sich mit den Themen Unternehmensgründung, Rollenbilder und kulturelle sowie soziale Einflüsse auseinandersetzen möchten. Darüber hinaus dient die Fallstudie als Beispiel für mehrgleisige Karriereentwicklungen. Die Möglichkeit, parallel an mehreren Unternehmen zu arbeiten, wird als machbares Ziel präsentiert. Es wird gezeigt, wie durch individuelle Fach- und Branchenexpertise sowie eigene Erlebnisse innovative Ideen entstehen und Innovationen auf den Weg gebracht werden können.

Für die Bearbeitung empfiehlt es sich, nach einem Theorieinput und der zusätzlichen Erarbeitung der Literatur die Fallstudie zunächst individuell zu lesen. Die Teilnehmenden können anschließend in kleinere Teams aufgeteilt werden und sich in diesen intensiv und detailliert mit den spezifischen Aspekten und Fragestellungen der Fallstudie auseinandersetzen. Nach der Erarbeitung können die Teams ihre Ideen durch einen sogenannten "Gallery Walk" präsentieren, indem die Teilnehmenden von Gruppe zu Gruppe gehen und die verschiedenen Perspektiven und Lösungsansätze kennenlernen. Diese interaktive Herangehensweise unterstützt nicht nur den Wissenstransfer, sondern regt auch zur kritischen Reflexion an.◄

Was macht die Innovation und die Innovatorin in dieser Fallstudie aus?

Aylin Kaya treibt Innovationen voran, indem sie ihr juristisches Wissen mit moderner Technologie verknüpft, um eine spezialisierte Software-as-a-Service-Lösung zur Prozessoptimierung für den öffentlichen Dienst zu entwickeln. Ein weiterer innovativer Aspekt ist die Realisierung einer Win–Win-Win-Situation: Für Aylins Kanzlei ergibt sich die Möglichkeit, Dienstleistungen effizienter anzubieten und sich im Wettbewerb zu differenzieren, für den öffentlichen Dienst eröffnen sich Wege zur Leistungssteigerung und letztlich profitieren auch die Bürger:innen, indem öffentliche Mittel effektiver eingesetzt werden können.

Aylin selbst ist eine Innovatorin, die durch ihre interdisziplinäre Expertise in Recht und Technologie sowie ihre Anpassungsfähigkeit zwischen verschiedenen Kulturen besticht. Sie schafft es dabei, traditionelle Erwartungen und soziale Herausforderungen zu überwinden und sowohl Einzel- als auch Teamgründungen erfolgreich zu managen. Auch ihre Bereitschaft, mehrfach zu gründen und sich in verschiedenen Geschäftsfeldern zu engagieren, betont die Innovativität und Vielseitigkeit ihres unternehmerischen Handelns sowie ihre Bereitschaft, sich neuen Herausforderungen zu stellen und dabei kontinuierlich aus früheren Erfahrungen zu lernen.◄

3.2   Die Fallstudie

„Moin Aylin", ruft Markus seiner Mitgründerin entgegen, während diese die Tür zum Besprechungszimmer hinter sich schließt und sich in einen der schweren, schwarzen Lederstühle fallen lässt. „Alles okay?", fragt er mit leicht hochgezogenen Augenbrauen etwas leiser. Aylin Kaya atmet tief aus. Dieser „Techie" hat einfach schon immer einen verdammt guten Sinn für emotionale Signale gehabt, denkt sie, bevor sie zu einer Erklärung ansetzt: „Ich habe meiner Mutter und meinem Vater gestern von unserer Gründung erzählt und – na ja, was soll ich sagen? Es lief so, dass mein Vater zum Schluss gar nichts mehr gesagt hat und meine Mutter zwischen Schreien und Schluchzen hin- und hergewechselt ist." Die 45-Jährige zuckt mit den Schultern und seufzt. „Das hatte ich ja leider schon fast erwartet …" „Okay, jetzt mal ganz langsam und von vorne bitte", unterbricht sie Markus, während er an seinem Drei-Tage-Bart zupft. „Warum genau ist es jetzt so ein Problem, dass du als weiteres Projekt in deiner Karriere eine Software mitentwickelst, die dir auch in deinem Anwältinnen-Alltag helfen wird und nebenbei großes Marktpotenzial und Erfolg verspricht?" Das mochte Aylin an Markus: Er war ein Fan logischer Argumentation. „Ich glaube, so genau haben wir noch nie über meine Familie gesprochen", murmelt Aylin, bevor sie sich auf die Lippe beißt. „Dann wird es jetzt wohl mal Zeit", setzt Markus den Satz fort, bevor er sich im Sessel zurücklehnt und die Arme verschränkt. „Wir haben später sowieso das Meeting für die genaue Zeitplanung unseres Launches 2.0. Dann können wir den Familienteil auch vorziehen." Aylin nickt langsam. „Aber die Erklärung wird wohl etwas dauern." Mit einem kurzen, freundlichen Augenrollen und einer einladenden Handbewegung fordert ihr Mitgründer sie auf, zu beginnen.

„Du weißt ja, dass ich mit drei Jahren aus der Türkei hierher nach Deutschland gekommen bin. Grund dafür war, dass Baba – also mein Vater – hier einen Job als Gastarbeiter in einer Produktionsfirma bekommen hatte. Er war vorher Professor für Journalismus an der Universität Istanbul gewesen. Als sich 1980 allerdings durch den Militärputsch die wirtschaftlichen und politischen Verhältnisse in der Türkei veränderten, war Baba mit seinem Fokus auf Journalismus, Presse- und Meinungsfreiheit der Regierung plötzlich ein Dorn im Auge. Somit haben sich meine Eltern entschieden, nach Deutschland zu kommen. Ein Teil meiner Familie war schon vor uns ausgereist und hatte Baba den Job in der Produktion vermittelt. Ein ganz schön harter Schritt für jemanden, der vorher als Professor tätig war. Aber was sollte er mit seinen geringen Deutschkenntnissen hier im Journalismus-Bereich machen? Seine Professur wurde hier nicht anerkannt.

Natürlich sind wir zu Beginn in die Nähe unserer Verwandten nach Altenessen-Nord gezogen. Das war erstmal das Einfachste, um hier in Deutschland anzukommen. Schwierig wurde es für mich erst so richtig in der Schule. Da wir zu Hause weiter Türkisch gesprochen haben, ich in der Schule aber schnell Deutsch lernen musste, war ich lerntechnisch oft erstmal etwas abgehängt. Ohne Nachhilfe-Unterricht hätte ich hier sicher nicht so schnell die Sprache lernen können. Zum Glück war Baba immer sehr engagiert. Er wollte, dass ich schnell lerne, mich integriere und „dass aus mir etwas wird". Unter uns gesagt – ich hatte immer das Gefühl, dass er es nie überwunden hat, dass er seine eigene Karriere damals aufgeben musste, und nun wollte er, dass ich es als einziges Kind der Familie in seinen Augen „zu etwas bringe". Er hat mich ständig zur Nachhilfe, zu den Pfadfindern und zum Schwimmunterricht gefahren und mich in allem – fast schon zu sehr – gefördert und gepusht. Gute Leistungen waren ihm immer wichtig. Meine Mutter sah das ganz anders. In ihrer Vorstellung sollte ich später die Familie repräsentieren. Für sie war von größter Bedeutung, dass ich in der Zukunft die Rolle einer guten Ehefrau übernehme. Eine Frau, die sich hauptsächlich um den Haushalt und die Kinder kümmert, aber auch ihrem Mann mit klugen Ratschlägen zur Seite stehen kann – so, wie sie es selbst durchlebt hat.

Durch den engen Draht zu meinem Vater, durch seine Vorstellungen und den Einfluss meiner Freundinnen und Freunde hier in Deutschland habe ich mich

schon zu Schulzeiten mehr und mehr von den traditionellen Zukunftsvorstellun-
gen meiner Mutter distanziert. Als meine beiden Elternteile merkten, dass ich auf
der weiterführenden Schule sehr gute Noten hatte, waren sie zufrieden – zumindest so lange, bis ich mich auch immer stärker vom muslimischen Glauben und
unseren Traditionen distanzierte und mich einer frühen Hochzeit verweigerte. Das
hat vor allem meiner Mutter das Herz gebrochen. Beruhigen konnte ich sie – mit
der Rückendeckung meines Vaters – damit, dass ich versprach, Jura zu studieren.
Hier konnte ich argumentieren, dass ich viel Konzentration für den langen Weg
des Studiums der Rechtswissenschaften aufbringen und mir wenig Zeit für Ablen-
kungen, zum Beispiel durch einen Partner, erlauben dürfte. Dies konnte meine
Mutter zähneknirschend verstehen und es war auch eine akzeptable Begründung,
die meine Eltern anderen Freund:innen und Verwandten präsentieren konnten.
Als ich dann mein juristisches Staatsexamen schließlich mit Auszeichnung abge-
schlossen hatte, ist mein Vater fast vor Stolz geplatzt. Es folgten Referendariat,
Zulassung zur Rechtsanwaltschaft, die ersten Jahre in der Kanzlei und meine
Spezialisierung auf Arbeitsrecht. Bei Familientreffen, bei denen ich nur spärlich
erschien, hieß es immer seitens der Verwandten: „Die Aylin, die verdient bald
richtig gutes Geld. Aber die Familie bekommt sie ja gar nicht mehr zu Gesicht."
Latenter Druck also, von vielen Seiten.

Der nächste Schock für meine Familie kam dann, als ich den Weg zur Gründung meiner eigenen Kanzlei gehen wollte. Auch das passte – gerade in den
Augen meiner Mutter – wieder so gar nicht in das Bild, das sie sich für mich
gewünscht hätte. In ihren Augen sei ich doch nun endlich – damals war ich
34 – fest angekommen als Juristin und hätte zumindest noch eine kleine Chance,
einen Partner zu finden und eine Familie zu gründen. Naja, abgehalten hat sie
mich von der Gründung nicht. Je mehr ich gemerkt habe, wie viel Spaß mir auch
das Management der Kanzlei bereitet, umso weniger war für mich an Familienplanung zu denken. Damals bestand meine Familie wohl eher aus langjährigen
Mandant:innen, Unternehmer:innen und meinen drei besten Freundinnen, die ich
ab und an mittags zum Lunch traf. Tja, und das änderte sich dann schlagartig,
als ich Lutz kennenlernte. Die Geschichte kennst du ja. Mit ihm ging plötzlich
alles ganz schnell – verlieben, zusammenziehen und dann nach nur 1,5 Jahren
die Geburt von Maya. Du kannst dir nicht vorstellen, wie glücklich meine Eltern
waren. Und dann kam gestern der größte Streit auf, an den ich mich seit Langem
erinnern kann".

Markus hatte geschwiegen und nur ab und an verständnisvoll genickt. „Das
heißt, wenn ich dich richtig verstehe, wussten deine Eltern bis gestern nicht,
dass du neu gegründet hast?", fragt er vorsichtig. Aylin seufzt. „Richtig, denn ich
wusste, es würde Streit geben. Mir war klar, dass wir erst die Gründung vollenden

und unser Produkt ein ganzes Stück voranbringen müssten, damit es für mich kein Zurück mehr gibt und ich mich nicht doch noch umstimmen lasse", antwortet Aylin bedrückt. „Okay, verstehe", nickt Markus ihr langsam zu. „Aber du hast doch schon mal gegründet – also die Kanzlei? Wo ist das Problem? Gerade dein Vater müsste doch eher größte Hochachtung vor dir haben, dass du deinen Weg so gehst, wie du ihn gehst?" Aylin blickt kurz vom Tisch auf und lächelt bedrückt. „Für ihn ist Technologie Humbug. Er ist ein Mann, der an Wissenschaft und Bücher glaubt und daran, dass Erfolg durch harte Arbeit und Wissen entsteht – nicht dadurch, dass man einfach mal Dinge ausprobiert und damit – in seinen Worten – eine Menge Geld verbrennen kann." Wieder hakt Markus ein: „Aylin – ich meine, ich kenne deine Eltern nicht – aber Punkt 1: Du bist eine erwachsene Frau, die sich normalerweise von nichts und niemandem etwas sagen lässt. Punkt 2: Hast du ihnen erklärt, wie du auf die Idee gekommen bist? Gerade dein Vater als rational denkender Mann und Wissenschaftler müsste diese Möglichkeit mit einer entsprechenden Erklärung doch glasklar vor sich sehen? Und Punkt 3: Du bist ja nicht allein. Mich gibt es ja auch noch, und ich halte dich schon davon ab, Geld zu verbrennen." Markus grinst.

In diesem Moment erfüllt Aylin große Dankbarkeit, diesen bärtigen, schmalen Mann getroffen zu haben – über eine Plattform, die Unternehmer:innen und die, die es werden wollen, zusammenbringt. „Mein Perfect Match, fast wie bei Tinder, nur ohne Date" – so hatte sie Markus schon öfter spaßhaft bei Bekannten vorgestellt. Auf der Plattform hatte Aylin damals ihre Idee für die zweite Gründung geteilt und nach einem Co-Gründer gesucht, der die technische Seite und Entwicklung der Software übernehmen wollte. Ihre Stärken lagen eher im juristischen und Management-Bereich und sie wollte jemanden, der mit ihr gemeinsam an die Sache glaubt und daran arbeitet, nicht nur einen Dienstleister. Als sie Markus in ihrem allerersten Gespräch traf, stimmte die Chemie sofort. Es hatte einfach auf allen Ebenen gepasst: Beide wollten das Vorhaben zunächst mit eigenen finanziellen Mitteln starten, bevor sie nach Investor:innen suchten. Auch Markus hatte schon mehrfach erfolgreich gegründet – jedoch im Nebenerwerb – und brachte somit einiges an Wissen, Know-how und wichtigen Netzwerken mit. Ähnlich wie Aylin, die neben ihrer Arbeit in der Kanzlei und der Familie nach einem neuen Projekt suchte, fühlte sich Markus in seiner sicheren Position als Entwickler in einem Konzern unterfordert und suchte nach einer neuen Herausforderung außerhalb seiner eigenen Komfortzone.

„Natürlich habe ich versucht, ihnen alles genau zu erklären. Ich habe versucht zu erklären, dass ich gemerkt habe, wie viele Ressourcen im öffentlichen Dienst für Verwaltungsvorgänge im Arbeitsrechtbereich gebunden werden, die durch eine Digitalisierung der Vorgänge wieder frei werden könnten. Natürlich habe ich auch versucht ihnen zu erklären, dass ich über die Jahre viele Themen zu Tarifverträgen oder Beamtenrecht auf dem Tisch hatte und sich so in meinem Kopf die Idee geformt hat, meine juristischen Erfahrungen mit einer technologischen Plattform zu koppeln, um auf der Seite meiner Kanzlei und auf Seiten des öffentlichen Dienstes Ressourcen freizuschaufeln, sodass diese für andere Themen genutzt werden können und – im Falle des öffentlichen Dienstes – diese freien Kapazitäten uns Bürgerinnen und Bürgern wieder zu Gute kommen. Eine Win–Win-Win Situation sozusagen. Ich habe auch versucht zu erklären, dass wir ja nicht das erste Unternehmen im Legal-Tech Bereich sind, sondern uns von anderen Start-Ups schon ein paar Tipps und Tricks abgeschaut haben, in einem Accelerator-Programm waren und unsere Idee schon mehrfach vor Business Angels vorgestellt haben. Spätestens ab dem Moment ist meine Mutter in Tränen ausgebrochen und mein Vater hat nur mit hohler Stimme gesagt: „Wir haben dich so sehr gefördert und immer Verständnis aufgebracht. Aber jetzt wirfst du deinen guten Job als Juristin und alles, was du erreicht hast, weg, um wieder bei Null anzufangen und von anderen Leuten Geld anzunehmen – für eine fixe Idee?" Sie können sich diese Welt einfach nicht vorstellen. Juristin, das sagt ihnen noch etwas, aber eine Software-as-a-Service-Lösung? Da gehen die Schotten bei ihnen schneller runter als du „Geschäftsmodell" sagen kannst. Sie verstehen nicht, dass die Gründung auch in meiner Kanzlei helfen kann, einige Vorgänge schneller zu bearbeiten.

Auch das Prinzip Mehrfachgründung ist ihnen völlig fremd. Für sie gründet man – wenn überhaupt – maximal einmal und bleibt dann den Rest des Lebens in dieser einen Gründung verhaftet. Natürlich bin ich Juristin und nun gemeinsam mit dir in die Tech-Branche eingestiegen. Klar sieht das Unternehmenswachstum hier ganz anders aus als in einer Kanzlei und selbstverständlich wird auch anderes Wissen benötigt. Einige Learnings aus meiner Gründung der Kanzlei nehme ich natürlich trotzdem mit. Gründen macht mir einfach so viel Spaß – Lösungen finden für Probleme. Ich würde auch nicht ausschließen, nochmal zu gründen …"

Markus lacht. „Wenn ich nochmal wählen könnte, würde ich mich wieder für eine gemeinsame Gründung mit dir entscheiden. So viel Leidenschaft, wie du für deine Themen mitbringst – und von deinem Know-how ganz zu schweigen. Lass deinen Eltern Zeit, sich an den Gedanken zu gewöhnen. Wenn du magst, können wir uns auch mal gemeinsam mit deinen Eltern zusammensetzen und das ganze Geschäftsmodell vorstellen. Vielleicht bin ich ja auch ein ganz gutes Beispiel – ich habe schließlich schon dreimal gegründet …"

Die (un-)sichtbare Gestalterin sozialer Innovationen

4

Diese Fallstudie porträtiert Isabella Santos, die gemeinsam mit ihrem Lebensge-fährten eine sozial-nachhaltige Innovation in Berlin initiierte, dabei selbst jedoch gerne im Hintergrund agierte. Als ihr Partner sie und zugleich auch ihr gemeinsa-mes Vorhaben verlässt, steht sie vor der Herausforderung, stärker sichtbar werden zu müssen, um ihr soziales Unternehmen weiterzuentwickeln. Der Fall zeichnet Isabellas Transformation von einer zurückhaltenden, im Verborgenen agierenden Gestalterin hin zu einem sichtbaren „Role Model" nach und zeigt anschaulich die Hürden auf, mit denen Gründer:innen bzw. Unternehmer:innen im Bereich sozialer Innovationen zu kämpfen haben.

4.1 Teaching Note

Lernziele, Literatur und Fragestellungen zur Fallbearbeitung

Heterogenität im Unternehmertum verstehen: Ein umfassendes Verständnis für die Herausforderungen und Möglichkeiten von Sozialunternehmer:innen entwickeln

- Welche Herausforderungen und Chancen ergeben sich für die Sozialunternehmerin Isabella Santos, auch im Vergleich zu kommerziell orientierten Unternehmer:innen?

© Der/die Autor(en) 2024, korrigierte Publikation 2024
J. Voß et al., *Innovatorinnen gestalten Zukunft*, essentials,
https://doi.org/10.1007/978-3-658-44927-8_4

- Wie wird die soziale Innovation im vorliegenden Fall finanziert? Auf welche weiteren Finanzierungsquellen können Sozialunternehmer:innen im Allgemeinen potenziell zurückgreifen? Wovon ist die Wahl der Finanzierungsquelle abhängig?
- Bonfanti, A., Crescenzo, V. de, Simeoni, F., & Loza Adaui, C. R. (2024). Convergences and divergences in sustainable entrepreneurship and social entrepreneurship research: A systematic review and research agenda. *Journal of Business Research, 170,* 114.336. https://doi.org/10.1016/j.jbusres.2023.114336
- Schätzlein, L., Schlütter, D., & Hahn, R. (2023). Managing the external financing constraints of social enterprises: A systematic review of a diversified research landscape. *International Journal of Management Reviews, 25*(1), 176–199. https://doi.org/10.1111/ijmr.12310

Relevanz von Ressourcen erkennen: Zentrale Ressourcen für (Sozial-) Unternehmertum benennen können und Sichtbarkeit als mögliche Ressource begreifen

- Welche spezifischen Unterstützungsleistungen oder Ressourcen waren entscheidend für die Umsetzung von Isabella Santos sozialer Innovation? Welche Rolle spielen die (Unternehmens-)Partner:innen, Netzwerke und Medien?
- Wie wirkt sich Isabella Santos wachsende öffentliche und berufliche Präsenz sowie Sichtbarkeit auf sie selbst und auf die Entwicklung ihres Sozialunternehmens aus? Welche konkreten Chancen und Risiken ergeben sich dadurch sowohl für die Unternehmerin als auch für das Unternehmen?
- Pret, T., Shaw, E., & Drakopoulou Dodd, S. (2016). Painting the full picture: The conversion of economic, cultural, social and symbolic capital. *International Small Business Journal: Researching Entrepreneurship, 34*(8), 1004–1027. https://doi.org/10.1177/0266242615595450
- O'Neil, I., & Ucbasaran, D. (2016). Balancing "what matters to me" with "what matters to them": Exploring the legitimation process of environmental entrepreneurs. *Journal of Business Venturing, 31*(2), 133–152. https://doi.org/10.1016/j.jbusvent.2015.12.001

Soziale Innovation verstehen: Ein Verständnis für die Rolle und Entwicklung sozialer Innovationen bei der Lösung gesellschaftlicher Probleme entwickeln

- Auf welches soziale Problem zielt die soziale Innovation von Isabella Santos ab und wie wurde das Problem identifiziert? Welche Beispiele für soziale Innovationen gibt es darüber hinaus, die nachweislich zur Lösung gesellschaftlicher Probleme beitragen/beigetragen haben (Internetrecherche)?
- Welche Akteur:innen und Stakeholder involviert Isabella Santos in die Entwicklung ihrer sozialen Innovation? Welche weiteren Akteur:innen könnten in die Entwicklung sozialer Innovationen miteinbezogen werden?
- Audretsch, D. B., Eichler, G. M., & Schwarz, E. J. (2022). Emerging needs of social innovators and social innovation ecosystems. *International Entrepreneurship and Management Journal, 18*(1), 217–254. https://doi.org/10.1007/s11365-021-00789-9
- Edwards-Schachter, M., & Wallace, M. L. (2017). ,Shaken, but not stirred': Sixty years of defining social innovation. *Technological Forecasting and Social Change, 119*, 64–79. https://doi.org/10.1016/j.techfore.2017.03.012 ◄

Einsatzfelder und Nutzungshinweise

Die Fallstudie kann für Studierende in Vorlesungen und Seminaren zum Thema Social/Sustainable Entrepreneurship sowie in Kursen, die einen Fokus auf soziale Innovationen legen, genutzt werden. Im Unternehmenskontext können mithilfe der Fallstudie unter anderem die Themen Netzwerke und Corporate Social Responsibility beleuchtet werden.

Nach einem theoretischen Input sollten zunächst der Fall und die Literatur in Einzelarbeit gelesen und verstanden werden. Anschließend sollte idealerweise etwas Zeit für eine zusätzliche Internet- und Literaturrecherche gegeben sein. Der Fall eignet sich besonders für eine interaktive Gruppenarbeit. Dabei können die Studierenden oder Workshop-Teilnehmenden in Gruppen zu den verschiedenen Lernzielen aufgeteilt werden. Dies ermöglicht eine fokussierte und vertiefte Analyse einzelner Themenbereiche. Nachdem die Gruppen ihre Analysen und Lösungsvorschläge erarbeitet haben, bietet sich eine Präsentation im Rahmen eines „Gallery Walk" an, in dem die Teilnehmenden ihre Ergebnisse visuell darstellen, um sie mit den anderen Gruppen zu teilen. Während des Gallery Walk kann eine offene Diskussion über die Erkenntnisse und Lösungen geführt werden. ◄

Was macht die Innovation und die Innovatorin in dieser Fallstudie aus?

Isabella Santos' Innovation vereint soziale, bildungsbezogene und technologische Elemente. Sie nutzt außerdem einen Multiplikatoreffekt, in dem sie einen Co-Working-Space integriert, um Wissen weiterzugeben. Zudem ist ihr Konzept skalierbar und in andere Städte transferierbar.

Isabella selbst zeichnet sich durch zentrale Schlüsselmerkmale erfolgreicher Innovator:innen aus, wie zum Beispiel soziales Engagement und Problembewusstsein, eine Vision und Durchhaltevermögen, unternehmerisches Denken, Anpassungsfähigkeit, Kooperationsfähigkeit und die Fähigkeit zur kreativen Problemlösung. Sie stärkt zudem im Verlauf ihre Netzwerke und unternehmerischen sowie institutionellen Kontakte.◄

4.2   Die Fallstudie

„Guten Morgen Berlin, du kannst so hässlich sein, so dreckig und grau" schallt Peter Fox' Stimme aus dem Radio, als Isabella Santos rückwärts zwischen einer vollbeklebten Litfaßsäule und einem grauen Kombi einparkt. „Da hast du wohl recht, Peter", denkt Isabella seufzend, während sie den Autoschlüssel aus dem Schloss zieht und ihre Laptoptasche und einige Broschüren vom Beifahrersitz aufsammelt. „Gestalterisch können wir zwar nichts an Berlin Neukölln ändern, aber immerhin am sozialen Gefüge", setzt die Sozialunternehmerin trotzig in Gedanken hinzu, bevor sie sich sammelt und zur Konzentration zwingt. Der bevorstehende Tag ist nicht nur für Isabella Santos, sondern auch für den von ihr gegründeten sozialen Verein von enormer Bedeutung. Endlich haben sie es geschafft – auf der Agenda steht heute ein Gespräch mit politischen Vertreter:innen über eine hohe Summe an Fördermitteln. Nach den katastrophalen Analyseergebnissen für Berlin Neukölln, die der „Atlas zur sozialen Ungleichheit" bescheinigt hatte, war der Veränderungsdruck auf die Berliner Stadtentwicklungsbeauftragten deutlich gestiegen. Gezielte politische Förderprogramme sollen nun verhindern, dass der Stadtbezirk aufgrund negativer Dynamiken kippt – zum Vorteil von Isabella Santos und ihrem Sozialunternehmen „Gemeinsame Urbane Transformation e. V.", kurz GUT.

Isabella atmet kurz durch, bevor sie aus ihren bequemen weißen Sneakers in die etwas zu engen schwarzen Pumps schlüpft und hört dabei noch immer laut und deutlich die Stimme ihres Geschäftspartners Marvin im Ohr: „Setz auf Storytelling, Isabella. Verstrick dich nicht zu sehr in Details, Zahlen und Meilensteinen des Vereins. Zeige ihnen nicht nur die bescheidene und perfekte Organisatorin. Überzeuge sie mit der Vision unseres Unternehmens und deiner Geschichte." Sich selbst in der Rolle der charismatischen Visionärin in den Fokus der Aufmerksamkeit zu wagen, fällt der 35-jährigen gebürtigen Brandenburgerin teilweise bis heute schwer. Doch im Vergleich zu früher schafft sie es besser, ins Rampenlicht zu treten und ihren Verein und sich selbst zu präsentieren und sichtbar zu machen.

Als „Arbeiterkind", wie es neumodisch heißt, hatte sie damals als Erste in der Familie das Abitur bestanden und war zum Studium der Politikwissenschaften nach Berlin gezogen. Dort lernte sie bereits nach einem Jahr ihren späteren Partner Vladimir kennen, mit dem sie nach einem weiteren Jahr ungeplant ein Kind bekam. Als gebürtiger Berlin Neuköllner kannte Vladimir die Herausforderungen des Stadtbezirks zur Genüge: eine hohe Arbeitslosenquote, Kinderarmut, Kriminalität und Vandalismus, um nur einige zu nennen. Dennoch zog die frischgebackene Familie damals zurück in den Stadtbezirk, um auf die Unterstützung von Vladimirs Familie zurückzugreifen und finanziellen Engpässen zu entkommen. Die Wohnungspreise in Berlin waren für die beiden Studierenden mit Kleinkind trotz Nebenjobs und BAföG anders kaum zu stemmen. Während anstrengender Tage und langer Nächte zwischen Politikstudium, Nebenjob an der Tankstelle und Betreuung eines Kleinkinds erlebten Isabella und Vladimir nicht nur selbst, was es heißt, in einem sozial schwachen Viertel zu leben, sondern lernten auch über die Krabbelgruppe und den Kindergarten viele Familien und insbesondere junge Menschen kennen, die in der Perspektivlosigkeit im Kiez älter wurden.

Angetrieben vom Wunsch, innerhalb der eigenen Grenzen Lösungen für die selbst erlebten Herausforderungen zu finden und sie mit anderen zu teilen, entwarfen Vladimir und Isabella schließlich ein Konzept, um Wege aus dieser Perspektivlosigkeit zu schaffen. In einem alten, verlassenen Fabrikgebäude sollte ein lebendiges Zentrum für digitale Bildung entstehen. Hier sollten Kinder ungeachtet ihrer Herkunft und Lebensumstände Zugang zu zusätzlicher Bildung und Lernunterstützung sowie technologischen Ressourcen erhalten, durch Computerkurse und Programmierworkshops ihre kreativen Fähigkeiten entfalten und wichtige technologische Schlüsselkompetenzen erwerben, die sie für spätere Jobs qualifizieren sollten. Die Schaffung eines Co-Working-Spaces in diesem Gebäude sollte darüber hinaus weitere Unternehmer:innen anlocken, die sich in Berlin Neukölln niederlassen und ihr unternehmerisches Wissen optimal an die nächste Generation weitergeben könnten. Ein positiver Nebeneffekt ihres Konzepts bestand darin, der Abwanderung sozial besser gestellter Personen aus dem Bezirk entgegenzuwirken. Eine Win–Win-Win-Situation – wie das Pärchen fand.

Das Fabrikgebäude konnten die beiden jungen Sozialunternehmer:innen über Kontakte ohne Mietgebühren nutzen. Allerdings stellte sich die Beschaffung der notwendigen Ausstattung und Anwerbung von qualifiziertem Lehrpersonal als Herausforderung dar. Zusätzlich standen Fragen zur Unternehmensform, zur Vermarktung und Sichtbarmachung der Initiative sowie zur Sicherstellung der Finanzierung im Raum. Doch ihr Traum ließ die beiden nicht los, sodass sie sich tief in die Grundlagen von Firmengründungen, Finanzierungsplänen und Sozialunternehmertum einlasen. Auch der Austausch mit anderen Unternehmer:innen und Gründungsexpert:innen in Berlin half ihnen, ihr Vorhaben zu schärfen. Dabei teilten sich Isabella und Vladimir stets nach ihren Interessen und Kompetenzen auf. Während Vladimir es liebte, vor und mit anderen Personen zu sprechen, Netzwerke aufzubauen und im Rampenlicht zu stehen, mied Isabella solche Situationen, wo es nur ging. Sie sah sich eher als „die Umsetzerin", die sich lieber mit rechtlichen Details oder der operativen Realisierung des Vorhabens beschäftigte, als auf Networking-Events die Entertainerin zu spielen. Isabella und Vladimir ergänzten sich perfekt – der eine der Visionär, der andere mitreißt, die andere die Macherin, die sprichwörtlich Dinge auf die Straße bekommt.

In jeder freien Minute widmeten sich Isabella und Vladimir ihrem Gründungsprojekt. Doch der Spagat zwischen Studium, Nebenjob, Kinderbetreuung und Gründung hatte seinen Preis. Vladimir und Isabella begannen, ihre Tage von morgens bis abends durchzuplanen, Zeit füreinander blieb kaum. Auch von Gründungsberatungsstellen wurde die privat-berufliche Beziehung der beiden stets kritisch hinterfragt. Als Vladimir schließlich immer mehr Zeit mit seinen Netzwerkkontakten verbrachte und Isabella sich gemeinsam mit Vladimirs Mutter mehr und mehr allein um Kinderbetreuung und Wäscheberge kümmerte, reichte es der jungen Unternehmerin und sie bat ihren Lebensgefährten um ein Gespräch. Doch Vladimir zeigte wenig Verständnis und ließ sie spüren, dass er zukünftig unternehmerisch weiteren, eigenen Ideen nachgehen wollte und auch die Familie für ihn keine Priorität mehr hatte. Schweren Herzens trennten sich ihre Wege – sowohl unternehmerisch als auch privat.

Dies stellte Isabella vor einige schwierige Fragen – das Sozialunternehmen, welches inzwischen unter dem Namen „Gemeinsame Urbane Transformationen (GUT) e. V." gegründet worden war, aufgeben, um sich stärker dem Studium und der Kinderbetreuung zu widmen? Aber dafür war sie doch eigentlich schon zu weit gekommen und jede Weiterentwicklung des Vorhabens gab ihr so viel zurück. Außerdem hatte sie von anderen Unternehmer:innen gelernt: Wenn eins wichtig ist, dann Durchhaltevermögen und ein langer Atem. Aber Isabella fehlten die wichtigen Netzwerkkontakte, um den Verein sowohl finanziell als auch bekanntheitsmäßig nach vorne zu bringen. Diese Verbindungen hatte schließlich Vladimir aufgebaut. Nach langen schlaflosen Nächten und einem ständigen Abwägen des Für und Wider entschied sich Isabella, dass es für sie nun an der Zeit war, sich aus der eigenen Komfortzone heraus in den Vordergrund zu begeben, um die Vision von GUT aufrechtzuerhalten. So begann sie, sich an Zeitungen und Wirtschaftsförderungen zu wenden, Interviews zu geben und an Podcasts mitzuwirken, immer mit dem Ziel, medial und öffentlichkeitswirksam mehr Aufmerksamkeit für GUT zu erzielen und den Verein bekannter zu machen. Mit der erhöhten Sichtbarkeit ergaben sich neue Chancen: Nach und nach kamen immer mehr Interessensbekundungen von Freiwilligen bei ihr an, die hier mal einen Vortrag vor den jungen Menschen halten oder dort eine Übungsstunde zum Thema „Blockchain für Anfänger:innen" geben wollten. Auch Isabella selbst wurde mehr und mehr als Expertin für soziale Bewegungen gesehen und zum Austausch mit Vertreter:innen anderer sozialer Vereine oder als Beiratsmitglied in eines der Gremien der Stadt eingeladen. Auch andere deutsche Städte wurden über ihre gewachsenen Netzwerke auf das von ihr entwickelte Konzept aufmerksam und begannen, es in Absprache mit Isabella in ihre Regionen zu übernehmen. Somit wuchs und entwickelte sich nach und nach Isabellas soziale Innovation und verbreitete sich – so, wie es immer ihr Traum gewesen war.

Doch so viel Wertschätzung die Sozialunternehmerin auch erhielt: Die Frage einer langfristig gesicherten Finanzierung blieb ein Thema. Auch wenn die gesteigerte Sichtbarkeit zu mehr Spendengeldern für GUT führte – langfristige finanzielle Stabilität konnte darüber nicht gewährleistet werden. Isabella fehlte ein nachhaltiges Einkommensmodell, und je mehr sie darüber nachdachte, desto klarer wurde ihr, dass sie zwar als Vertreterin sozialer Veränderungen im öffentlichen Raum wahrgenommen wurde, sich selbst jedoch bislang zu wenig als ernst zu nehmende Unternehmerin in entsprechenden Kreisen platziert hatte. Von den meist männlich geprägten Netzwerken für unternehmerisch tätige Personen fühlte sie sich eher abgeschreckt. Dass sie sich selbst zu wenig in ihrer Rolle als Gründerin und Unternehmerin inszenierte, hatte zur Folge, dass ihr Co-Working-Space nicht so gut von der Gründungsszene angenommen wurde wie Isabella es gehofft hatte. Und mehr noch: Isabella vermutete, dass dies auch der Grund für ihren bisher schwierigen Zugang zu Kapital sein könnte. Ihr wurde bewusst, dass sie viele berechtigte Fragen von Kapitalgeber:innen zur Messung der sozialen Auswirkungen ihres Vereins nicht beantworten konnte und Schwierigkeiten hatte, den sozialen Nutzen von GUT in professionellem Marketing-Stil zu verbalisieren.

Als Isabella dies realisierte, begann sie sich schließlich doch mehr und mehr zur Teilnahme an Netzwerkevents zu zwingen, die ihr notwendiges Wissen und aussichtsreiche Kontakte versprachen. Durch Zufall lernte sie an einem dieser

Abende Marvin kennen, der aus der Corporate-Welt ausgestiegen war und sich nach einer sinnerfüllenden Tätigkeit sehnte. Nach einigen Gesprächen wurde klar, dass Marvin und Isabella sich in ihren Kompetenzen perfekt ergänzten und Isabella war sich schnell sicher, einen neuen beruflichen Partner gefunden zu haben.

„Marvin war wirklich ein Glückstreffer", seufzt Isabella, während sie in ihren Pumps zum städtischen Gebäude wankt. „Ohne ihn hätte ich sicher nicht diese pointierte, bunte Präsentation dabei, mit der ich die Vertreter:innen gleich buchstäblich vom Hocker hauen werde." Marvin hatte sie mit seinem unternehmerischen Wissen stark in der Entwicklung ihrer Unternehmerinnen-Persönlichkeit unterstützt und auch das Thema Finanzierungsquellen für GUT intensiv unter die Lupe genommen. Ohne ihn wäre Isabella sicher auch nicht auf die Ausschreibung der Fördermittel für Berlin Neukölln aufmerksam geworden. Während Isabella die Tür zum Regierungsgebäude öffnet, sendet sie in Gedanken lächelnd eine Botschaft an ihren Geschäftspartner: „Jetzt bitte Daumen drücken, Marvin, dass es heute gut für GUT läuft".

Technik + Diversität = Vorbild im Wissenschaftskontext?

Diese Fallstudie erzählt die Geschichte von Amina Kalid, einer leidenschaftlichen Technikliebhaberin mit multikulturellem Hintergrund. Von technischem Fortschritt und Innovation fasziniert, überwindet Amina mit großer Entschlossenheit gängige Stereotype und bahnt sich ihren Weg in einem männlich dominierten Wissenschaftszweig bis hin zur Professur. Mit zunehmendem Erfolg wird Amina eine immer sichtbarere Akteurin in ihrem Betätigungsfeld – Fluch und Segen zugleich. Der Fall beleuchtet die Chancen, Herausforderungen und Erwartungen, die mit erhöhter Sichtbarkeit einhergehen, darunter die Erwartung, als Frau mit Migrationshintergrund in einem männlich dominierten Bereich automatisch als „Diversitätsvorbild" zu dienen. Zudem wird deutlich, welchen Innovationseinfluss Wissenschaftseinrichtungen ausüben können und wie diese mit anderen Akteuren im Innovationsökosystem zusammenspielen.

5.1 Teaching Note

Lernziele, Literatur und Fragestellungen zur Fallbearbeitung.

Diversität erkunden: Die Bedeutung von (Un-)Sichtbarkeit und Intersektionalität begreifen und deren Auswirkungen auf individuelle Erfahrungen und soziale Strukturen erkennen

- Welche verschiedenen (Un-)Sichtbarkeitserfahrungen hat Amina Kalid während ihrer beruflichen Laufbahn gemacht und welche Herausforderungen sind daraus für sie entstanden?

© Der/die Autor(en) 2024, korrigierte Publikation 2024
J. Voß et al., *Innovatorinnen gestalten Zukunft*, essentials,
https://doi.org/10.1007/978-3-658-44927-8_5

- Auf welche Weise spiegeln Amina Kalids Erfahrungen die Überlappung verschiedener Identitätsaspekte (Intersektionalität) wider? Welche weiteren Identitätsaspekte werden in der Literatur im Kontext von Intersektionalität diskutiert (Internetrecherche)?
- Bhattacharyya, B., & Berdahl, J. L. (2023). Do you see me? An inductive examination of differences between women of color's experiences of and responses to invisibility at work. *Journal of Applied Psychology, 108*(7), 1073–1095. https://doi.org/10.1037/apl0001072
- Strauß, A., & Boncori, I. (2020). Foreign women in academia: Double-strangers between productivity, marginalization and resistance. *Gender, Work & Organization, 27*(6), 1004–1019. https://doi.org/10.1111/gwao.12432

Institutionelle und mediale Einflüsse reflektieren: Die Rolle und den Einfluss von Institutionen und Medien in der Darstellung von Innovatorinnen hinterfragen

- Welche Erfahrungen mit Medien hat Amina Kalid in ihrer Karriere schon gemacht und wie möchte sie im vorliegenden Fall wahrgenommen und von den Medien dargestellt werden?
- Wie können Medienschaffende bei der Darstellung von Diversität unterstützen und dabei Stereotypen vermeiden?
- Byrne, J., Fattoum, S., & Diaz Garcia, M. C. (2019). Role Models and Women Entrepreneurs: Entrepreneurial Superwoman Has Her Say. *Journal of Small Business Management, 57*(1), 154–184. https://doi.org/10.1111/jsbm.12426
- Marks, S. (2021). Performing and unperforming entrepreneurial success: Confessions of a female role model. *Journal of Small Business Management, 59*(5), 946–975. https://doi.org/10.1080/00472778.2020.1865539

Innovationspotenzial der Wissenschaft erkennen: Den Wissenschaftsbereich als treibende Kraft für Wissenstransfer und Innovation begreifen und ein Verständnis für Innovationsökosysteme entwickeln

- Was ist unter einem „Innovationsökosystem" zu verstehen (unter Rückgriff auf Baldwin et al., 2024)? Welche Beziehungen und Wechselwirkungen lassen sich zwischen den Akteuren (Regierung, Industrie, Wissenschaft, Zivilgesellschaft, Umwelt) in einem Innovationsökosystem anhand der vorliegenden Fallstudie und darüber hinaus feststellen?

- Wie trägt Amina Kalid durch ihre Arbeit an der Schnittstelle von Wissenschaft und Industrie zur Weiterentwicklung des Innovationsökosystems bei?
- Baldwin, C. Y, Bogers, M. L. A. M., Kapoor, R., & West, J. (2024). Focusing the ecosystem lens on innovation studies. *Research Policy, 53*(3), 104.949. https://doi.org/10.1016/j.respol.2023.104949.
- Dedehayir, O., Mäkinen, S. J., & Roland Ortt, J. (2018). Roles during innovation ecosystem genesis: A literature review. *Technological Forecasting and Social Change, 136*, 18–29. https://doi.org/10.1016/j.techfore.2016.11.028◄

Einsatzfelder und Nutzungshinweise

Die vorliegende Fallstudie bietet einen guten Einstieg für Student:innen und Praktiker:innen, die sich intensiv mit Fragestellungen zu Diversität und Intersektionalität in Organisationen und darüber hinaus auseinandersetzen möchten. Insbesondere für Innovations- und Technologieinteressierte dient diese Fallstudie zudem als Einstieg in das Thema Innovationsökosysteme und die Rolle von Hochschulen als Treiber von Innovationen.

Um einen umfassenden thematischen Zugang zu gewährleisten, wird empfohlen, sich zunächst mit den theoretischen und wissenschaftlichen Konzepten (wie einem Innovationsökosystem oder dem Konzept der Intersektionalität) vertraut zu machen. Dies kann durch einen theoretischen Input sowie eine nachgelagerte Erarbeitung und Vertiefung mithilfe der zusätzlichen Literatur und weiterer Recherchen geschehen. Nach dieser Vorbereitung kann die Fallstudie als anschauliches Beispiel dienen. Ein effektiver Ansatz besteht darin, die Fallstudie zunächst individuell zu lesen und sie anschließend im Plenum zu diskutieren, wobei auf die vorbereiteten Fragestellungen, die Literatur und die theoretischen Konzepte zurückgegriffen werden kann, um das Thema möglichst aus verschiedenen Blickwinkeln zu beleuchten.◄

Was macht die Innovation und die Innovatorin in dieser Fallstudie aus?

Amina Kalids Innovation liegt vor allem in der praxisorientierten Forschung, die eine interdisziplinäre Zusammenarbeit zwischen Hochschulen, Industrie, Politik und Gesellschaft erfordert und Wissensgenerierung sowie Technologietransfer ermöglicht. Zudem trägt ihre Fähigkeit, komplexe wissenschaftliche Themen zu vereinfachen und in der Lehre verständlich machen zu können, maßgeblich dazu bei, die nächste Generation von Innovator:innen auszubilden und zu inspirieren.

Amina selbst zeichnet sich durch ihre interdisziplinären und internationalen Erfahrungen aus, die ihr eine einzigartige Perspektive geben und innovative Herangehensweisen im Bereich Maschinenbau ermöglichen. Auch ihre Netzwerkfähigkeit trägt zu ihrem Innovationserfolg bei. Ihre Entschlossenheit, Stereotype eines männerdominierten Feldes zu überwinden und sich für Diversität und Inklusion einzusetzen, macht sie zu einer inspirierenden Innovatorin über ihr reines Fachgebiet hinaus.◄

5.2 Die Fallstudie

[Videokonferenztool, persönlicher Meetingraum von Juna Wolf, Presse – Verbindung wird hergestellt…].

Juna Wolf, Presse: Frau Professorin Dr. Kalid! Schön, das hat ja technisch schon mal gut geklappt. Ich freue mich, Sie nun auch persönlich kennenzulernen. Vielen Dank, dass Sie sich heute die Zeit für uns nehmen und bereit für ein Interview mit uns sind. Sie passen wunderbar in unsere neue Kampagne „Exzellenz – Personen, die inspirieren".

Amina Kalid, Professorin: Liebe Frau Wolf, vielen herzlichen Dank für die Einladung. Ihre Kampagne gefällt mir und ich freue mich sehr, wenn ich hier mit meinen Leistungen einen Beitrag ermöglichen kann.

Wolf: Ich bin mir sicher, Ihre Geschichte ist lang und die Themen, die Sie bewegen innovativ und komplex. Lassen Sie uns daher keine Zeit vergeuden und direkt mit dem Interview beginnen. Ich würde vorschlagen, Sie erzählen mir erstmal von Ihren Stationen und Erlebnissen auf Ihrem Berufsweg und ich werde ab und an einhaken. Einverstanden?

Kalid: Sehr gerne. Mein Name ist Amina Farid Kalid. Ich bin seit nun fünf Jahren als Professorin für Maschinenbau mit dem Fokus auf Konstruktionslehre an der Hochschule Karlsberg tätig und nebenbei in verschiedenen Netzwerken, Verbänden und Gremien aktiv – unter anderem dem VDI, dem Verein Deutscher Ingenieure. Wenn Sie mich nach dem Beginn meines beruflichen Werdegangs fragen, muss ich sehr weit ausholen. Ich wurde 1988 in Israel geboren, mein Vater war Armenier, meine Mutter Kanadierin. Kennengelernt haben sich die beiden bei einem Forschungsaufenthalt meiner Mutter in Jerewan. Da die beruflichen Perspektiven für meine Mutter in Israel aussichtsreicher waren, sind die beiden relativ früh dorthin ausgewandert. Dort bin ich auch zur Welt gekommen. Mit sieben Jahren hat sich allerdings für meine beiden Eltern eine spannende beruf-liche Option in Kanada ergeben, sodass wir dorthin umgezogen sind. Naja, wie Sie sehen, lag der wissenschaftliche Weg schon bei uns in der Familie, sodass mein Werdegang zur Professorin keine große Überraschung zu sein scheint. Auch das Thema Anpassung an fremde Kulturen habe ich schon früh als Kind mitbe-kommen. Die einzige Überraschung – wenn man hier in gängigen Stereotypen denken möchte – ist wohl die Wahl meines Interessengebietes: Maschinenbau.

Wolf: Frau Kalid, wenn ich hier kurz einhaken darf – wie kam es dazu? Wie sind Sie gerade auf dieses ingenieurwissenschaftliche und – wie ich vermute – immer noch sehr männlich dominierte Fachgebiet aufmerksam geworden?

Kalid: Ich war schon immer ein sehr lösungsorientierter Mensch, der ver-sucht, möglichst effizient ans Ziel zu kommen. Zum Beispiel habe ich mich früher beim Puzzeln immer gefragt, wenn ein Teil nicht gepasst hat: Wieso dann in dem riesigen Berg stundenlang nach dem richtigen Teil suchen und nicht einfach ein neues Teil erschaffen? Und diese Suche nach sozusagen inno-vativen Puzzle-Teilen, also verbesserten Konstruktionsprinzipien, -methoden und -materialien für den Bau von Maschinen und Anlagen, begleitet mich noch heute und lässt mein Herz höherschlagen. So bin ich auch auf meine Fachrichtung auf-merksam geworden. Aber vielleicht gehen wir nochmal ein paar Schritte zurück: Nach meinem Maschinenbaustudium in Kanada – als eine von nur zwei Frauen in meinem Abschlussjahrgang – stand für mich fest, dass ich noch nicht genug gelernt hatte. Ich war fasziniert von Konstruktionsthemen. Durch meine Mut-ter hatte ich schon früh gesehen, wie wertvoll internationale Erfahrungen und Kontakte im Wissenschaftssystem sind. So war mir relativ schnell klar, dass ich meinen Doktor im Ausland absolvieren wollte. Auf Anraten eines ehemaligen Professors habe ich mich dann an einer renommierten deutschen Universität als Doktorandin beworben und hatte das Glück, mich gegen fünf weitere männliche Bewerber durchsetzen zu können. Das war auch der Moment, in dem ich mich das erste Mal gefragt habe, ob ich hier aufgrund meiner Noten oder als „Quo-tenfrau mit Migrationsgeschichte" angenommen wurde – ein Gefühl, das mich meine ganze Promotionszeit nicht verlassen hat. Wann immer es darum ging, Fotos für die Presse zu machen, wurde ich nach vorne gestellt, um zu zeigen, wie international, weltoffen und divers der Maschinen- und Anlagenbau doch sein kann. Traurigerweise steht das im Kontrast zu einigen Erfahrungen, die ich in der gesamten Zeit gemacht habe. Fast niemand wollte zu Beginn Englisch mit mir sprechen und in meinem damals noch sehr gebrochenen Deutsch ist es mir oft schwergefallen, thematisch mitzukommen. Wenn wir beim Mittagessen waren und über neueste wissenschaftliche Erkenntnisse gesprochen wurde, war ich außen vor. Inhaltlich war ich fit, aber ich konnte viele der deutschen Wörter

nicht verstehen. In Meetings wurde ich auf der Suche nach den deutschen Fach-
wörtern oder der richtigen Ausdrucksweise meiner Gedanken und Ideen schnell
unterbrochen und nicht wirklich gehört. Also musste ich einfach kämpfen – bis
spät in die Nacht Fachbegriffe auf Deutsch und die richtige Grammatik lernen.
Ich meine, wer versteht schon einfach so Wörter wie Elastoplastizität?

Wolf: Da muss ich schmunzeln. Das Wort sagt mir offen gesagt nichts. Fahren
Sie doch gerne fort.

Kalid: Als ich dann mit der Doktorarbeit fertig war, wollte ich eigentlich
zurück nach Kanada. Aber von meinem Doktorvater wurde mir eine Stelle als
Abteilungsleiterin an einem Forschungsinstitut angeboten, die perfekt zu meinen
Qualifikationen passte. Ich als Führungskraft von zwölf Jungs. Die haben mich zu
Beginn mit meinem gebrochenen Deutsch und als gerade fertig promovierte Frau
überhaupt nicht ernst genommen. Ich habe mich teilweise völlig fehl am Platz
gefühlt. Und musste kämpfen und für mich einstehen. Zum Glück hat mich mein
ehemaliger Chef – ein Freund meines Doktorvaters – sehr unterstützt und mir
wichtige Projekte, unter anderem ein Projekt mit sieben Millionen Euro Budget
übertragen, in denen ich dann meine Kompetenz zeigen konnte. Er hat immer
gesagt: „Amina, du musst sie begeistern, so wie du mich begeistert hast." Und
mit seiner Unterstützung konnte ich so in den knapp fünf Jahren, in denen ich
am Institut tätig war, einige spannende Themen gemeinsam mit meinem Team
aufbauen und voranbringen. Als es mir endlich gelungen war, mein Team von
meinen Fähigkeiten zu überzeugen und mitzureißen, begannen wir, stärker mit
der Industrie und der Politik zusammenzuarbeiten. Auch hier erlebte ich wieder
das gleiche Spiel und musste um die Akzeptanz meiner Kompetenz kämpfen,
um nicht nur aus Diversitätsgründen vor der Kamera zu stehen und ansonsten –
teilweise versehentlich – als Sekretärin angesprochen zu werden.

Wolf: Kaum zu glauben, dass dies in der heutigen Zeit noch passiert. Wie
genau kann man sich denn diese Zusammenarbeit vorstellen?

Kalid: Grundsätzlich muss ich zunächst sagen: Gemeinsam Innovationen
schaffen begeistert mich. Ich bin davon überzeugt, dass wir als Hochschulen
es nur in einem wechselseitigen Wissensaustausch mit der Regierung, Industrie, Zivilgesellschaft und Umwelt schaffen können, Innovationen voranzutreiben
und eine nachhaltige Entwicklung für uns alle zu sichern. Denn jeder dieser
fünf Bereiche hat seine eigene Relevanz und bietet Kapital: ob in Form von
Human-, Wirtschafts-, Natur-, Sozial- und Informationskapital oder politischem
und Rechtskapital. Daher habe ich mich auch heute an meiner Hochschule stark
für das Thema Forschungs- und Innovationsförderung eingesetzt, viele Förderan-
träge geschrieben – von denen glücklicherweise einige bewilligt wurden – und
das Labor mit den Fördergeldern weiter ausgebaut. Und auch das liebe ich. Ich

schreibe unglaublich gerne wissenschaftliche Publikationen, oft bis spät in die Nacht. Einfach in dem Gedanken, dass wir so unser Wissen und technologische Neuerungen anderen zugänglich machen können. Aber mindestens genauso gerne bin ich auf Kaminabenden mit politischen Vertreter:innen, um politische Entscheidungen mitzugestalten, oder auf Unternehmer:innen-Treffen, um zu schauen, wie wir Probleme aus Gesellschaft und Wirtschaft mit anwendungsorientierter Forschung lösen können. Eine wichtige Innovation, die so mit verschiedenen Akteur:innen in unserer Region entstehen konnte, ist ein Beitrag zur Entwicklung von individuell angepassten Prothesen und Implantaten mittels additiver Fertigung, sprich 3D-Druck. Unsere Forschungsergebnisse aus der Materialwissenschaft sind entscheidend für Optimierungen der 3D-Drucktechnologien und Materialien für medizinische Anwendungen. Die Unternehmen bringen die Technologie zur Marktreife, indem sie die Geräte und Software entwickeln und kommerzialisieren. Die Regierung wiederum regelt Zulassungen und überwacht die medizinischen Produkte. Außerdem unterstützt sie uns durch staatliche Förderprogramme. Die Anforderungen und das Feedback aus der Gesellschaft waren natürlich entscheidend für eine nutzerfreundliche Entwicklung, und auch der Faktor Umwelt bringt uns kontinuierlich dazu, über alternative, umweltfreundliche Materialien und Verfahren nachzudenken. Aber dazu vielleicht später nochmal mehr.

Wolf: Danke für die Erläuterung. Das hilft mir sehr. Wie ging es dann in Ihrer beruflichen Entwicklung weiter?

Kalid: Während meiner Zeit am Institut kam dann auch die Ausschreibung für die Professur an meiner jetzigen Hochschule. Und Sie können mir glauben, vor der Bewerbung habe ich sehr mit mir gehadert. Wie sollte ich mit meinem teilweise noch nicht perfekten Deutsch an einer Hochschule arbeiten, in der es – im Gegensatz zur Universität – einen hohen Lehranteil gibt? Heute sehe ich genau diese Schwäche – mein damals nicht perfektes Deutsch – als größte Stärke an. Als meine Kernkompetenz. Natürlich habe ich seit damals viel gelernt und mein Deutsch deutlich verbessert. Aber ich versuche, mich an die Zeit meiner unperfekten Sprachkenntnisse zu erinnern. In gebrochenem Deutsch sah ich mich gezwungen, einfache und klare Sätze zu bilden, Komplexität zu reduzieren und einfache Beispiele zu geben, um mich verständlich zu machen. Und genau das versuche ich, in meinen Lehrveranstaltungen beizubehalten, um die Studierenden mitzunehmen und für Innovation und Forschung zu begeistern.

Wolf: Wie schön, das nehme ich gerne als Zitat in den Artikel mit auf, wenn es Ihnen recht ist.

Kalid: Natürlich. Sehr gerne. Eine Bitte hätte ich aber: Es handelt sich nicht um mein erstes Pressegespräch – lassen Sie mir das Interview vor der Veröffentlichung bitte zur Freigabe zukommen. Leider habe ich in der Vergangenheit schon einige Patzer und peinliche Fehlinterpretationen meiner Aussagen erlebt. Außerdem bitte ich Sie, den Fokus Ihres Berichts auf meinen Werdegang und meine fachliche Expertise zu legen und weniger auf mein Aussehen oder mein Privatleben – das hat meiner Meinung nach wenig in einer beruflich orientierten Kampagne zu suchen, wenn Sie verstehen, was ich meine.

Wolf: Selbstverständlich, Frau Kalid. Ich gebe mein Bestes. Natürlich ist es unseren Leser:innen wichtig, zu verstehen, wer Sie sind, aber ich werde versuchen, Sie hauptsächlich aus der professionellen Perspektive heraus darzustellen.

Kalid: Danke. Das schätze ich sehr. Zurück zur Geschichte: Nachdem ich als Professorin an meiner heutigen Hochschule angekommen war, wollte ich meine Berufung auch rechtfertigen, mich dieser würdig erweisen. Also begann ich, bis spät in die Nacht hinein zu arbeiten, um a) meine Deutschkenntnisse zu verbessern und b) meine Publikationen und Anträge voranzubringen. Eine dieser Publikationen habe ich dann auf einer sehr bekannten Fachtagung eingereicht. Wieder war ich die einzige Frau. Als ich nach vorne gerufen wurde, um meine Ergebnisse vorzustellen, schlackerten mir die Knie. Als junge Frau mit kulturell deutlich andersartigem Erscheinungsbild als all die älteren und erfahrenen Herren, die mir mit ihren Blicken gezeigt haben: „Was macht die denn hier?" Aber nach der Präsentation gab es gutes Feedback und wirklich konstruktive Verbesserungsvorschläge. Das hat mich ermutigt, die Ergebnisse zu überarbeiten und nochmal einzureichen. Es hat mir auch geholfen, ein gewisses Standing in diesem beruflichen Netzwerk zu erhalten. Mit zwei dieser Kollegen arbeite ich inzwischen an gemeinsamen Forschungsprojekten, und ein weiterer hat mir schon viele Kontakte für Kooperationsprojekte in der Industrie vermittelt, sodass wir hier mehrere Patentanmeldungen auf den Weg bringen konnten. Über die Fachgruppe bin ich auch inzwischen Mitglied in einigen Netzwerken, Gremien und Kommissionen geworden und kann so gewisse Entscheidungen mit beeinflussen. Naja, aber hier merke ich noch immer – nehmen Sie es mir nicht übel – dass die Leute von der Presse dann immer ganz scharf darauf sind, mit mir zu sprechen, wenn sie mitbekommen, dass eine Frau dort Mitglied ist, und dann noch eine mit nichtdeutschen Wurzeln. Aber es macht mir heute nicht mehr ganz so viel aus: Auf der einen Seite hilft mir die so erzeugte Sichtbarkeit natürlich auch, beruflich an weitere Kontakte zu kommen und somit Themen anzuschieben. Auf der anderen Seite hoffe ich noch immer, dass ich dazu beitragen kann, manche Stereotype und Strukturen aufzubrechen, die der Bereich Maschinen- und Anlagenbau so mit sich bringt. Frau Wolf, ich merke selbst, ich bin ganz abgedriftet von Ihrer

Frage nach meinem Berufsweg: Welche Fachfragen sind für Ihre Kampagne noch relevant …?"

Unverzichtbar und dennoch unsichtbar im Unternehmen?

6

In dieser Fallstudie steht Anna Berger im Mittelpunkt, die als Leiterin der Innovationsabteilung bei der *GlobalTech Solutions* die Unternehmensentwicklung durch unterschiedliche Innovationsprojekte voranbringt. Obwohl Anna eine treibende Kraft hinter den Innovationsbemühungen des Unternehmens ist, werden diese umgesetzt, ohne dass bekannt ist, dass sie die Innovatorin hinter der Innovation ist. Nach außen werden die Neuerungen durch den Unternehmensvorstand repräsentiert. So werden zwar Annas Innovationen sichtbar und wirksam, sie selbst bleibt jedoch unsichtbar. Der Fall zeichnet gängige Geschlechterdynamiken im Innovationsprozess nach und wie diese zur Unsichtbarkeit von Innovator:innen im Besonderen und von Frauen in Führungspositionen im Allgemeinen führen können. So wird die Frage aufgeworfen, wie Organisationen sicherstellen können, dass Anerkennung nicht nur den sichtbaren Produkten, sondern auch anderen Innovationsformen und den Innovator:innen selbst zuteilwerden kann.

6.1   Teaching Note

Lernziele, Literatur und Fragestellungen zur Fallbearbeitung

Intrapreneurship kennenlernen: Innovationsorientiertes Denken und Handeln in unternehmerischen Strukturen begreifen

- Wie spiegelt Anna Bergers Erfahrung die Unterschiede und Gemeinsamkeiten zwischen Intrapreneurship in einem etablierten Unternehmen und Entrepreneurship in einem Start-Up wider?

© Der/die Autor(en) 2024, korrigierte Publikation 2024   41
J. Voß et al., *Innovatorinnen gestalten Zukunft*, essentials,
https://doi.org/10.1007/978-3-658-44927-8_6

- Basierend auf Anna Bergers Erfahrungen: Welche spezifischen Maßnahmen können dazu beitragen, intrapreneuriale Aktivitäten effektiv in die langfristige Strategie eines Unternehmens zu integrieren, um einen dauerhaften Innovationserfolg zu sichern?
- Elert, N., & Stenkula, M. (2022). Intrapreneurship: Productive and Non-Productive. *Entrepreneurship Theory and Practice, 46*(5), 1423–1439. https://doi.org/10.1177/1042258720964181
- Neessen, P. C. M., Caniëls, M. C. J., Vos, B., & Jong, J. P. de (2019). The intrapreneurial employee: Toward an integrated model of intrapreneurship and research agenda. *International Entrepreneurship and Management Journal, 15*(2), 545–571. https://doi.org/10.1007/s11365-018-0552-1

Rollenkonflikte und Führungsbilder hinterfragen: Herausforderungen von Frauen in Führungspositionen – insbesondere im Innovationskontext – verstehen

- Welche geschlechtsspezifischen Barrieren begegnen Anna Berger im vorliegenden Fall und welche Erklärungsansätze lassen sich hierfür finden?
- Wie können Unternehmen dafür sorgen, dass Frauen in Führungspositionen sichtbar sind und ihre Beiträge wahrgenommen und anerkannt werden?
- Badura, K. L., Grijalva, E., Newman, D. A., Yan, T. T., & Jeon, G. (2018). Gender and leadership emergence: A meta-analysis and explanatory model. *Personnel Psychology, 71*(3), 335–367. https://doi.org/10.1111/peps.12266
- Holgersson, C., & Romani, L. (2020). Tokenism Revisited: When Organizational Culture Challenges Masculine Norms, the Experience of Token Is Transformed. *European Management Review, 17*(3), 649–661. https://doi.org/10.1111/emre.12385

Innovationsbarrieren wahrnehmen: Strategien zur Sichtbarmachung und Förderung von Innovationen in Unternehmen entwickeln

- Welche innovations- und kulturbezogenen Hindernisse stehen Anna Berger im Kontext ihres Unternehmens im Weg?
- Wie können diese Innovationsbarrieren durch Anna Berger, weitere Abteilungen im Unternehmen und/oder das Management adressiert werden, um eine breitere Akzeptanz der Innovationsbemühungen im Unternehmen zu fördern?

- Arza, V., & López, E. (2021). Obstacles affecting innovation in small and medium enterprises: Quantitative analysis of the Argentinean manufacturing sector. *Research Policy, 50*(9), 104.324. https://doi.org/10.1016/j.respol.2021.104324
- Gong, L., Jiang, S., & Liang, X. (2022). Competing value framework-based culture transformation. *Journal of Business Research, 145*, 853–863. https://doi.org/10.1016/j.jbusres.2022.03.019◄

Einsatzfelder und Nutzungshinweise

Die Fallstudie kann für Studierende in Vorlesungen und Seminaren zu Themen wie Führung, Organisationsverhalten, Innovations- und Technologiemanagement sowie in Kursen, die geschlechtsbezogene Fragestellungen betrachten, genutzt werden. Auch in Führungskräfteentwicklungsprogrammen können mithilfe der Fallstudie die Themenfelder Unternehmensstrategie, Führung, Innovationskultur, Unternehmensentwicklung, Wertschätzung und Empowerment beleuchtet werden.

In der Anwendung erfolgen zunächst eine Einleitung, Kontextualisierung sowie ein kleiner Theorieinput seitens des/der Dozent:in. Zur Vorbereitung lesen die Teilnehmenden die Fallstudie und die Literatur zunächst individuell, halten ihre ersten Eindrücke und Beobachtungen schriftlich fest und recherchieren im Internet. Im Seminar oder Workshop werden die Teilnehmenden in Gruppen aufgeteilt, diskutieren innerhalb ihrer Gruppe über die zentralen Fragen der Fallstudie und denken gemeinsam über mögliche Handlungsempfehlungen nach. Abschließend präsentiert jede Gruppe ihre Schlussfolgerungen und Handlungsempfehlungen im Plenum, auf die eine Diskussion und Reflexion über die vorgeschlagenen Maßnahmen folgt. Diese Umsetzung ermöglicht eine umfassende Analyse der Fallstudie, fördert die Interaktion und bietet Raum für kreative Lösungen seitens der Teilnehmenden.◄

Was macht die Innovation und die Innovatorin in dieser Fallstudie aus?

Anna Bergers Innovation ist ein umfassender, integrativer Prozess, der über eine bloße Produktentwicklung und Verbesserung auf inkrementeller Ebene hinausgeht. Es geht um die Schaffung eines Unternehmensumfelds, in dem Kreativität und eigenverantwortliches Handeln gefördert werden. Sie etabliert Kooperationen und Netzwerke, die das Innovationspotenzial über die Unternehmensgrenzen hinaus erweitern. Diese Aspekte unterstreichen die

Wichtigkeit von Innovation als ganzheitliches Konzept, das sowohl interne Veränderungen als auch externe Partnerschaften umfasst.

Anna repräsentiert in dieser Fallstudie eine moderne Innovatorin, die sowohl interne als auch externe Herausforderungen in einem traditionellen Unternehmensumfeld bewältigt. Sie zeichnet sich durch ihre visionäre und strategische Denkweise sowie ihre Fähigkeit zur effektiven Kommunikation und Netzwerkbildung aus. Ihre Rolle unterstreicht die Bedeutung von Führungskräften, die nicht nur innovative Konzepte entwickeln, sondern auch die Fähigkeit besitzen, diese Ideen in einem oft widerstrebenden oder konservativen Umfeld umzusetzen und zu verankern. ◄

6.2   Die Fallstudie

„55 … 97…138 …" Die Anzahl der ungelesenen E-Mails scheint nicht aufhören zu wollen. Dr. Anna Berger seufzt leise und wirft einen resignierten Blick auf ihren überquellenden Posteingang. „Da geht meine Urlaubsentspannung wohl flöten", murmelt sie und wendet sich mit einem Augenrollen den ungelesenen E-Mails zu. Während sie durch die Liste der Mails scrollt, fällt ihr eine Nachricht besonders auf – gekennzeichnet mit dem roten Ausrufezeichen. Natürlich: Absender ist der CEO der *GlobalTech Solutions*. Der Betreff lautet: „Monatliches Unternehmens-Update für alle Mitarbeitenden: Innovation Hours und Innovationskooperationen zeigen Wirkung – Starke unternehmerische Ergebnisse". Während Anna die Mail öffnet und zu lesen beginnt, verfinstert sich ihre Miene immer weiter. Der Vorstand lobt in der Ausgabe des Unternehmens-Newsletters die grandiosen Unternehmenszahlen, -produkte und -errungenschaften, die durch die sogenannten „Innovation Hours" und Innovationsnetzwerke für das Unternehmen in den vergangenen zwei Jahren erzielt werden konnten. Als Leiterin der Innovationsabteilung bei der *GlobalTech Solutions* ist Anna maßgeblich an diesen Erfolgen beteiligt. Doch in der E-Mail findet sie mit ihrer Abteilung keinerlei Erwähnung. Empört schnaubt sie auf. Seit 3,5 Jahren leitet sie die Abteilung und koordiniert Innovationsaktivitäten für das rund 5500 Personen starke Unternehmen. In enger Zusammenarbeit mit den Abteilungen Forschung und Entwicklung, IT, HR und Kommunikation setzt sie sich seitdem für innovative und digitale Initiativen ein, darunter ebendiese erfolgreichen „Innovation Hours" und Innovationsnetzwerke, die der Vorstand nun lobt.

Doch der Weg zu diesem Innovationserfolg war steinig: Die *GlobalTech Solutions,* ein Unternehmen mit 75-jähriger Geschichte, setzte lange Zeit auf Stabilität und Kontinuität. Statt radikaler Neuerungen verließ man sich auf Bewährtes und Innovationen erfolgten nur in kleinem, inkrementellem Rahmen. Produktinnovationen für neue Sparten und Märkte außerhalb der bestehenden Tätigkeitsfelder gab es kaum. Erst, als die Hard- und Software-Lösungen der *GlobalTech Solutions* von den Kund:innen durch eine gewisse Marktsättigung weniger nachgefragt wurden, erfolgte gezwungenermaßen ein historischer Umschwung in der Unternehmensstrategie. Es wurde eine eigene Innovationsabteilung geschaffen, die direkt dem CTO des Unternehmens unterstellt wurde. So sollte das Unternehmen am Markt wieder Fahrt aufnehmen und der Innovations- und Unternehmenserfolg langfristig gesichert werden. Anna die nach ihrer Promotion im Bereich der Innovationsdiffusion schon länger bei der *GlobalTech Solutions* arbeitete, wurde zur Leiterin der neu gegründeten Innovationsabteilung befördert. Voller Tatendrang wollte sie damals das Unternehmen aus ihrer neuen Position heraus umkrempeln, ihr Wissen über neue Methoden einbringen, die Service- und Produktpalette der *GlobalTech Solutions* verbessern, und, und, und… – doch sie hatte die traditionellen Strukturen des Unternehmens unterschätzt. Ihre ersten Initiativen und Projekte verpufften schnell ohne Wirkung: Bei den „Innovations-Cafés" gab es zu wenig Interessent:innen, digitale Veränderungen wurden abgelehnt und bei den „Open Innovation Nights" mangelte es zunächst an Zulauf durch externe Unternehmen und Presseresonanz. So fühlte Anna sich mit ihrer neuen Abteilung häufig alleingelassen und wenig unterstützt – insbesondere, da der Vorstand sie und ihr Team eher wie „die Abteilung, die sich auf der grünen Wiese austobt" behandelte, statt sie in ihrer Rolle als Innovationsmanagerin mit entsprechenden Befugnissen, Budgets und Projekten zu unterstützen. So stand sie lange vor der Herausforderung, aus eigener Kraft Maßnahmen entwickeln zu müssen, die sowohl effektiv waren als auch nachhaltig Wirkung im Unternehmen erzeugten. Nach einer gewissen Zeit realisierte sie, dass sie zur Umsetzung ihrer Vision – „mehr aktive Gestaltung und Kundenfokussierung der *GlobalTech Solutions* durch innovative Ideen und unternehmerisches Handeln aller" – Verbündete benötigte. Also baute sie Kooperationen auf: Zunächst unternehmensintern mit der Forschungs- und Entwicklungsabteilung und IT, um Innovationen über agile Methoden schnell testen und anpassen zu können. Nach diesem Schritt gewann sie die Bereiche HR und Kommunikation für sich und ihr Ansinnen. Dies ermöglichte ihr eine schrittweise Weiterentwicklung des Unternehmens durch eine klare Kommunikation der Vision, strukturelle Veränderungen und die aktive Partizipation der Mitarbeitenden auf dieser Reise.

Ein herausragendes Projekt, das mit Hilfe der Unterstützung der neuen Verbündeten umgesetzt werden konnte, sind die genannten „Innovation Hours". Wie bei Google sollten jeder und jedem Mitarbeitenden freitags zwei Stunden Zeit und allen Abteilungen ein gewisses Budget eingeräumt werden, um an eigenen Projekten zu arbeiten und neue Ideen zu verfolgen, um Freiräume und Kreativität abseits der Regeltätigkeit zu fördern. Die Idee klang simpel, doch die Umsetzung nahm einige Zeit in Anspruch. Von der Überzeugung des Vorstands über die Erarbeitung einer Betriebsvereinbarung bis hin zur genauen Abstimmung der Umsetzung mit den Teamleiter:innen – Anna und ihr Team hatten fast 1,5 Jahre von der Entwicklung der Idee bis hin zum Transfer der „Innovation Hours" ins Unternehmen benötigt. Dabei war diese Zeit sehr holprig gewesen und ihnen viel Widerstand entgegengeschlagen. Von der zeitlichen Ressourcenverschwendung der Mitarbeitenden bis hin zu grundlegenden Zweifeln an der Sinnhaftigkeit solcher Freiräume hatte Anna mit allerlei Bedenken zu kämpfen. Doch sie hielt an ihrer Idee fest und betonte immer wieder die Wichtigkeit, mehr Verantwortungsbewusstsein, eigenverantwortliches Handeln und Mitdenken bei den Mitarbeitenden zu stärken. Durch ihre Hartnäckigkeit und eine klare Kommunikation schaffte sie es schließlich, die „Innovation Hours" als festen Bestandteil der Unternehmenskultur zu etablieren. Der Erfolg gab ihr Recht: Aus mehreren kleinen Ideen in der Forschungs- und Entwicklungsabteilung waren inzwischen sechs neue Produkte entstanden, die von den Kund:innen stark nachgefragt wurden und dem Unternehmen einen deutlichen Umsatzanstieg und einiges an Presseaufmerksamkeit bescherten. Auch die administrativen Bereiche hatten die Zeit für sich genutzt, um einige Prozesse neu zu strukturieren, sich stärker digital aufzustellen und so Zeit und Kosten zu sparen. Der größte Erfolg stellte sich für Anna und ihr Team jedoch ein, als die *GlobalTech Solutions* einige Teile des Geschäfts in eigenständige Einheiten auslagerte und diese als Tochterunternehmen selbstständig am Markt agieren ließ. Da in diesen Tochterunternehmen viel Gestaltungswille gefordert wurde, hob schließlich sogar der Vorstand diese Art von Binnen-Unternehmertum und Innovationswille in einigen Podiumsdiskussionen als äußert relevant hervor und bot Annas Abteilung somit eine weitere Legitimationsgrundlage ihrer Initiative im Unternehmen. Doch bis heute waren nicht alle Mitarbeitenden begeistert von den neu geschaffenen Freiräumen. Einige Kolleg:innen nutzen die geschenkte Zeit schamlos für die eigene Freizeit oder bezahlte Kaffeekränzchen, andere versperrten sich der „Zumutung", sich noch weiteren Themen widmen zu müssen und blieben bei ihren Regelthemen.

Als weitere vielversprechende Initiative zur Innovationsförderung setzte Anna sich in ihrer Funktion als Abteilungsleiterin auch für unternehmensübergreifende Innovationsnetzwerke ein. Zusammen mit Beratungen, Partnerunternehmen oder

Hochschulen im Umkreis baute sie kontinuierlich Forschungskooperationen auf. Dabei fungierte die *GlobalTech Solutions* häufig als Praxispartner bei geförderten Forschungsprojekten oder organisierte Open Pitch Days, auf denen Wissen geteilt und kreative Gemeinschaftsprojekte entwickelt werden sollten.

Auch hier hatten sich inzwischen einige Verbindungen als sehr fruchtbar herausgestellt – wie sich aus der E-Mail des Vorstands entnehmen ließ: An ihrem Ende befand sich ein Bild des CEO, auf dem dieser neben zwei Hochschulvertretenden steht und eins der neu geschaffenen Produkte in der Hand hält. „Schlimm, dass wir im Newsletter nicht mal namentlich erwähnt werden. Sonst hätten wir eine Legitimationsgrundlage, mit der wir die Mitarbeitenden, die sich uns versperren, motivieren könnten. So ist dieser Erfolg nicht für uns nachweisbar", denkt Anna frustriert. „Wenn die anderen Abteilungsleiter etwas besonders Herausragendes machen, tauchen im Newsletter auf jeden Fall Bilder von ihnen auf …"

Anna blickt von der E-Mail auf. Warum blieben Innovator:innen wie sie auch in Führungspositionen oft so wenig sichtbar, obwohl sie unentbehrliche Arbeit für das Unternehmen leisteten? Hatte das etwa neben den innovationsbezogenen Strukturen im Unternehmen auch etwas mit ihrem Geschlecht zu tun? Natürlich wusste sie, dass sie eine von wenigen Frauen war, die in den höheren Führungsriegen der *GlobalTech Solutions* unterwegs waren. Dabei sprach das Unternehmen immer davon, Geschlechtergleichstellung in den Blick zu nehmen. „Es geht ja gar nicht nur um diese E-Mail und meinen gekränkten Stolz, hier mit der Abteilung nicht genannt zu werden, sondern es bestätigt wieder nur das, was ich schon lange fühle und auch bei anderen Frauen beobachte – eine geringe Wertschätzung der eigenen Führungsqualität und wenig Sichtbarkeit von innovativen Leistungen generell. Es stehen immer nur die innovativen Produkte im Fokus des Interesses, aber weniger die Personen, die diese Innovationen maßgeblich mitgeprägt haben. Auf dem Weg zur Innovation werden einem Steine in den Weg gelegt und man wird fast ausgelacht – aber wenn es gut läuft, dann übernimmt plötzlich der Vorstand die Repräsentation der Projekte und hat es nicht mal nötig, die Namen der Verantwortlichen zu nennen."

Angetrieben von dem erneuten Gefühl der Enttäuschung, beginnt Anna zu googeln und nach Erklärungen für diese empfundene Ungerechtigkeit zu suchen. Dabei fallen ihr immer wieder die gleichen Ergebnisse ins Auge: Stereotype, die Innovation und Führung mit männlichen Attributen wie Durchsetzungsstärke, Technik und Dominanz verbinden. So würden Workshops wie „Frauen in Führung" die Stereotype der wenig innovations- und führungsfähigen Frauen noch verstärken. „Na, das kommt mir doch bekannt vor", denkt Anna und verdreht die Augen. „Es ist wohl mal Zeit, etwas zu ändern. Dafür bin ich doch schließlich Innovationsmanagerin." Beschwingt von ihrer Idee ignoriert sie die weiteren E-Mails in ihrem Posteingang und öffnet eine neue Nachricht an die Kommunikationsabteilung und setzt den Betreff „Innovator:innen bei der *GlobalTech Solutions* – wer sie sind und was sie bei uns machen" hinzu. „Innovation ist in unserem Unternehmen vielfältig. Sie findet in so vielen Bereichen statt und wird von vielen unterschiedlichen Personen erarbeitet. Es ist Zeit, diesen Umstand mit einer Initiative zu würdigen und endlich angemessen zu kommunizieren." Ihre Finger gleiten wie von selbst über die Tastatur: Panel-Diskussionen, kleine Innovations-Challenges vor einer Jury, begleitende Unternehmens- und Social-Media-Berichterstattung und, und, und… „Dann wollen wir doch mal sehen, dass wir das Innovationspotenzial unserer Mitarbeitenden – und zwar aller Mitarbeitenden – nicht nur für das Unternehmen nutzen, sondern auch bekannt machen. Genauso wie unsere Innovator:innen selbst", denkt Anna. Mit einem zufriedenen Lächeln klickt sie den Senden-Button.

Die Fallstudie porträtiert den Weg von Carmen Kim, einst eine hochbezahlte und angesehene Führungskraft in der Pharmabranche, die nach ihrer Elternzeit vor der Herausforderung steht, zukünftig Beruf und Familie vereinbaren zu müssen. Zwischen dem Stigma der potenziellen „Rabenmutter" aus ihrem privaten Umfeld und der Sorge, im Unternehmen als „nicht belastbar" betrachtet zu werden, scheint kein konventioneller Karriereweg mehr für sie möglich zu sein. In diesem Dilemma findet sie die Inspiration, ihr eigenes Unternehmen zu gründen und nun selbst Lösungen zur Vereinbarkeit von Beruf und Familie für andere Organisationen anzubieten. Der Fall verdeutlicht den Einfluss gesellschaftlicher Rollenerwartungen auf Karrierepfade von Müttern und zeigt dabei nicht nur die Dringlichkeit der Überwindung bestehender Hürden, sondern auch wie gemachte Erfahrungen zur Flexibilisierung von Karriere- und Berufswegen führen und Auslöser von Innovationen sein können.

7.1   Teaching Note

Lernziele, Literatur und Fragestellungen zur Fallbearbeitung

Förderung eines Verständnisses für Fürsorgeverpflichtungen: Herausforderungen für Berufs- und Familienvereinbarung verstehen und Lösungsansätze für das Vereinbarkeitsmanagement in Unternehmen benennen können

- Mit welchen Herausforderungen in der Vereinbarkeit von Arbeit und Fami-

© Der/die Autor(en) 2024, korrigierte Publikation 2024   49
J. Voß et al., *Innovatorinnen gestalten Zukunft*, essentials,
https://doi.org/10.1007/978-3-658-44927-8_7

lie sieht Carmen Kim sich konfrontiert? Welche Maßnahmen könnten *MedicoPharm*, ihr Chef und ihre Kolleg:innen ergreifen, um sie hier zu unterstützen?

- Warum wäre für *MedicoPharm* die Unterstützung ihrer Mitarbeitenden bei der Vereinbarkeit von Arbeit und Familie relevant? Wie können Unternehmen wie *MedicoPharm* ein nachhaltiges Vereinbarkeitsmanagement entwickeln, das nicht nur auf die Bedürfnisse von Eltern, sondern auch auf andere Formen von Fürsorgeverpflichtungen (zum Beispiel Pflege von Angehörigen) eingeht (Internetrecherche)?
- Heras, M. L., Rofcanin, Y., Escribano, P. I., Kim, S. & Mayer, M. C. J. (2021). Family-supportive organisational culture, work-family balance satisfaction and government effectiveness: Evidence from four countries. *Human Ressource Management Journal, 31*(2), 454–475. https://doi.org/10.1111/1748-8583.12317
- Wan, M., Shaffer, M. A., Singh, R. & Zhang, Y. (2022). Spoiling for a fight: A relational model of daily work-family balance satisfaction. *Journal of Occupational and Organizational Psychology, 95*(1), 60–89. https://doi.org/10.1111/joop.12368

Einfluss von Stereotypen auf die berufliche Sichtbarkeit verstehen: Stereotype und deren Auswirkungen auf die Wahrnehmung von Individuen im Arbeitsumfeld kritisch reflektieren

- Inwiefern beeinflussen stereotype Vorstellungen über Mutterschaft die Wahrnehmung von Carmen Kims Kompetenz und Engagement bei der Arbeit?
- Wie reagiert Carmen Kim auf die Konfrontation mit stereotypen Rollenbildern? Welche alternativen Verhaltensweisen wären denkbar gewesen, um ihre berufliche Sichtbarkeit und Anerkennung zu bewahren?
- Delaney, H. & Sullivan, K. R. (2021). The political is personal: Postfeminism and the construction of the ideal working mother. *Gender, Work and Organization, 28*(4), 1697–1710. https://doi.org/10.1111/gwao.12702
- Hennekam, S., Syed, J., Ali, F. & Dumazert, J.-P. (2019). A multilevel perspective of the identity transition to motherhood. *Gender, Work & Organization, 26*(7), 915–933. https://doi.org/10.1111/gwao.12334

Persönliche Treiber für Innovation verstehen: Ein Verständnis dafür gewinnen, wie vermeintliche Rückschläge zu wertvollen Lernerfahrungen werden

können, die zur eigenen Neudefinition von Erfolg beitragen und individuelle Innovationsideen vorantreiben können

- Wie verändert sich Carmen Kims persönliche Definition von Erfolg im Zeitverlauf (vor und nach der Schwangerschaft)?
- Durch welche Ereignisse entwickelt Carmen Kim Resilienz im Umgang mit ihrer Situation und wie trägt ihre Resilienz dazu bei, ihre Innovationsideen zu entwickeln und voranzutreiben?
- Aguilera, R. V., Massis, A. de, Fini, R. & Vismara, S. (2023). Organizational Goals, Outcomes, and the Assessment of Performance: Reconceptualizing Success in Management Studies. *Journal of Management Studies*, 12.994. https://doi.org/10.1111/joms.12994. 12994
- Jogulu, U. & Franken, E. (2023). The career resilience of senior women managers: A cross-cultural perspective. *Gender, Work and Organization*, *30*(1), 280–300. https://doi.org/10.1111/gwao.12829◄

Einsatzfelder und Nutzungshinweise

Die vorliegende Fallstudie kann in Vorlesungen und Seminaren, die Themen zu Führungstechniken, Rollenbildern und Vereinbarkeitsmanagement bearbeiten, eingesetzt werden. Zudem eignet sich die Nutzung der Fallstudie, um geschlechtsbezogene Fragestellungen im Unternehmenskontext zu betrachten und für verschiedene Erfolgsdefinitionen zu sensibilisieren. Des Weiteren kann sie verdeutlichen, wie individuelle Erfahrungen in der Karriere Veränderungen der beruflichen Orientierung veranlassen und zudem Innovationsprozesse anstoßen können. In Trainings für Führungskräfte kann die Fallstudie ein vertieftes Bewusstsein und Engagement für die Unterstützung von Mitarbeitenden fördern sowie die Schaffung von sozial nachhaltigen Arbeitsbedingungen in den Blick nehmen.

Die Erarbeitung basiert auf einer Einleitung, der kontextuellen Einordnung sowie dem, auf das Vorwissen der Teilnehmenden abgestimmten, Theorieinput durch den/die Dozent:in oder die Workshop-Leitung. Folgend empfiehlt es sich, die Fallstudie zunächst von allen Teilnehmenden in Einzelarbeit lesen zu lassen. Hierbei können sich diese bereits Notizen zu ihren ersten Gedanken und Beobachtungen des Falls machen. Anhand der empfohlenen Literatur und möglichen weiteren Internet-Recherchen erweitern die Teilnehmenden ihren theoretischen Hintergrund. Im Anschluss werden Gruppen gebildet, in denen die Fragestellungen zur Fallbearbeitung diskutiert und ausgearbeitet werden.

In einer abschließenden Runde stellen alle Gruppen ihre Ergebnisse und Handlungsempfehlungen im Plenum vor und diskutieren ihre Erarbeitungen.◄

Was macht die Innovation und die Innovatorin in dieser Fallstudie aus?

Die Innovation von Carmen Kim liegt in der Gründung einer ganzheitlichen Unternehmensberatung, die sich auf die Vereinbarkeit von Beruf und Familie sowie insbesondere soziale Nachhaltigkeit fokussiert, um Unternehmen bei der Schaffung eines inklusiveren Arbeitsumfelds zu unterstützen. Dieser Ansatz adressiert aktuelle Herausforderungen der Arbeitswelt, indem er über traditionelle Beratungsdienste hinausgeht und strukturelle Veränderungen für eine verbesserte Mitarbeitendenzufriedenheit und Produktivität anstrebt.

Carmen Kim selbst zeichnet sich durch ihre Resilienz und ihre visionäre Denkweise aus, inspiriert durch persönliche Erfahrungen und der Herausforderung, Beruf und Familie zu vereinbaren. Ihr Werdegang ist ein Beispiel dafür, wie man aus individuellen Schwierigkeiten lernen und diese in innovative Lösungen umwandeln kann, die sowohl gesellschaftliche Normen als auch Geschäftspraktiken herausfordern und verändern können.◄

7.2   Die Fallstudie

„Endlich! Das ist ja jetzt echt ewig her!", ruft Lia ihrer Freundin Carmen Kim mit einem breiten Lächeln im Gesicht zu, bevor sie sie mit einer festen Umarmung begrüßt. Während Carmen es sich auf der Eckbank im Lieblingscafé der beiden Freundinnen gemütlich macht, merkt Lia, die ihre Freundin nun schon gut 27 Jahre kennt, dass Carmen etwas auf dem Herzen liegt. „Ist alles in Ordnung bei dir?", fragt sie mit besorgtem Blick. Carmen seufzt und sieht Lia mit einem nachdenklichen Blick an. „Es ist einfach so viel, Lia. Ich wusste natürlich, dass sich mit Emmys Geburt einiges ändern wird. Aber so, wie es jetzt ist – das habe ich wirklich nicht erwartet. Seit meiner Rückkehr aus der Elternzeit in den Job habe ich das Gefühl, dass sich einfach alles verändert hat." Carmen hatte schon immer für ihre Arbeit als Leiterin Business Development bei *MedicoPharm Solutions* gebrannt. Nun war sie seit gut fünf Monaten wieder zurück aus ihrer Elternzeit. „Erzähl mir mehr darüber. Was ist passiert?"

„Du weißt, wie sehr ich meine Arbeit und mein Team bei *MedicoPharm* immer geliebt habe. Als Jan und ich wussten, dass Emmy kommen würde, war die Absprache, dass er auf halbe Tage reduzieren und ich meinen Job nach der

Elternzeit weitermachen würde wie bisher. Teilzeit in Führungspositionen ist bei uns im Unternehmen undenkbar, hatte mir mein Chef mehr als nur einmal deutlich gemacht. Aber mit Jans Entscheidung passte das und ich bin weiter davon überzeugt, dass unser Plan gut umsetzbar ist. Weißt du noch, wie wir gemeinsam im *Da Lilo* gefeiert haben, als ich die Zusage von meinem Chef bekommen hatte, dass ich nach meiner Elternzeit wieder normal einsteigen kann?" „Natürlich weiß ich das noch!", antwortet Lia lächelnd mit einem leichten Kopfschütteln. „Alles schien so perfekt zu sein, bis meine Kolleg:innen erfuhren, dass ich schwanger war. Auf einmal fassten mich alle mit Samthandschuhen an und baten mich nicht mehr um Hilfe, um mich zu entlasten. Plötzlich änderte sich die komplette Dynamik im Team. Ich dachte, wenn Emmy erstmal auf der Welt ist und ich wieder zurück bin, würde sich das alles wieder normalisieren." Carmen seufzt. „Aber nein, es ist jetzt sogar noch schlimmer. Die Kollegen und auch die Kolleginnen sehen mich mit anderen Augen, als ob sie meine Fähigkeiten und Hingabe zum Job in Frage stellen, nur, weil ich Mutter bin."

Lia runzelt die Stirn. „Das kann ich mir eigentlich gar nicht vorstellen. Du warst doch bei *MedicoPharm* immer die Top-Performerin für deinen Chef. Zum Aufkauf von *EpiGene Therapeutics* wäre es ohne dein Netzwerk nie gekommen. Und das soll alles in Frage gestellt werden, nur weil du eine Familie gegründet hast?" Carmen nickt traurig. „Genau das. Es ist verrückt, ich habe das Gefühl, bei der Arbeit entweder als nicht belastbar und unzuverlässig oder als Rabenmutter zu gelten. Letzte Woche war es ganz schlimm. Jan hatte sich übers Wochenende total erkältet. Montagmorgen, als ich mich fertigmachen wollte, lag er noch völlig lethargisch im Bett. So hätte ich ihn nicht mit Emmy den ganzen Tag allein lassen können. Schnell habe ich Jans Mutter angerufen, ob sie aushelfen kann, aber morgens hatte sie erst noch einen Termin. Weil Homeoffice bei uns ja wirklich gar nicht gern gesehen wird und die Stimmung mir gegenüber im Team sowieso gerade so komisch ist, gab es für mich nur eine Lösung: Emmy mitnehmen. Jans Mutter wollte sie dann nach ihrem Arzttermin gegen Mittag bei mir abholen. Homeoffice wäre natürlich einfacher gewesen, aber wie gesagt … An dem Tag hatte ich sowieso nur kleinere Aufgaben im Büro, nur ein Meeting am Nachmittag und keine Termine im Labor, also passte das eigentlich auch. Also habe ich Emmys Tasche und eine frische Bluse zum Wechseln für mein Meeting eingepackt und bin los. Aber Lia, du hättest das Gesicht von Susanne am Empfang sehen sollen, als ich mit dem Kinderwagen reinkam. Sie hat mich völlig entgeistert angeschaut und mir dann erzählt, dass das für Emmy ganz schlimm sei und auch gefährlich. Wir seien schließlich ein Pharmaunternehmen, da gehöre ein Kind nicht hin. So ein Blödsinn. Wir sitzen in ganz normalen Büros, die Labore und unser Lager sind auf einem anderen Betriebshof." „Oh Carmen, so was musst du dir doch nicht gefallen lassen. Hast du dazu denn nichts gesagt?", fragt Lia ihre Freundin entsetzt. „Naja, was hätte ich denn sagen sollen? Und irgendwie dachte ich auch: Es ist halt Susanne, die ist eben so. Sie hat mir auch damals schon ins Gewissen geredet, ob ich wirklich als Mutter noch in Vollzeit arbeiten wollen würde und dass sie das niemals so gemacht hätte. Naja, ich habe es dann runtergeschluckt und mich erstmal in meinem Büro mit Emmy eingerichtet. Für die Kleine hatte ich die Wippe und Spielzeug dabei, sodass ich sie bei Laune halten und nebenbei Kleinigkeiten abarbeiten konnte. Zwei Stunden später kam mein neuer Mitarbeiter Jonas zu mir ins Büro – ich sage immer neu, weil ich vor meiner Elternzeit nur noch ein paar Wochen mit ihm gearbeitet habe. Er wollte mit mir die letzten Details für unser Kundenmeeting am Nachmittag durchgehen. Als er Emmy gesehen hat, entschuldigte er sich nur und sagte, er könne gerne mit den anderen Kolleg:innen die Agenda durchgehen und ist dann ohne mein Feedback sofort abgezischt. Überleg' dir das mal, genau genommen bin ich seine Chefin und er haut einfach ab! Nachdem Emmy abgeholt wurde, bin ich dann nochmal zu ihm ins Büro gegangen, um darüber zu sprechen. Er winkte aber einfach nur ab, das sei kein Problem, er habe jetzt schon alles mit den anderen geklärt. Das hat mich so geärgert."

Während Lia ihr beruhigend über die Schulter streichelt, sagt sie: „Das klingt wirklich schwierig. Aber Carmen, ich kenne dich doch, sowas lässt du dir doch nicht einfach gefallen." Carmen lächelt leicht. „Nein, das habe ich nicht. Obwohl, an dem Abend bin ich erstmal ziemlich geknickt nach Hause gefahren. Dann habe ich Jan alles erzählt und habe dabei gemerkt, dass gar nicht *ich* das Problem bin, sondern einfach die Strukturen bei uns im Unternehmen. Unser Plan mit der Aufteilung für die Betreuung passt an sich und dass jemand mal krank wird, kommt halt einfach vor. Und dann kommt es trotz Unterstützung in der Familie bei der Arbeit – ohne Verständnis für Homeoffice-Tage, geschweige denn für ein Kinderbetreuungsangebot, wie in anderen großen Firmen – zu eben diesen Engpässen. Also habe ich mir vorgenommen, am nächsten Tag in der Mittagspause das Ganze erst einmal im Team anzusprechen. Als ich in die Kaffeeküche kam, haben Jonas, Lena und Stefan über den Abend vorher gesprochen – anscheinend waren fast alle zusammen auf dem Weihnachtsmarkt. Ich weiß, dass ich jetzt, seitdem ich Mutter bin, etwas unflexibler bin, aber irgendwie hat es mich schon getroffen, dass sie mich nicht mal gefragt hatten. Früher war ich bei sowas immer mit dabei. Aber egal – als dann alle in der Pause da waren, habe ich es angesprochen. Ich habe ihnen nochmal gesagt, dass ich bei Entscheidungen miteinbezogen werden möchte wie in der Zeit vor meiner Elternzeit. Und um es kurz zu machen: Es kam einfach gar kein Verständnis von ihnen. Alle haben nur nochmal bestätigt, dass es normal sei, dass ich jetzt als Mutter bei der Arbeit nicht mehr so bei der Sache sein könne wie vorher. Und auch wenn das blöd klingt, dann wollte ich es ihnen zeigen. Also bin ich abends länger geblieben und habe unseren Jahresbericht, den unser Team erst in zwei Wochen einreichen muss, noch fertig gemacht – wie in der Zeit, als ich mich damals vor meinem Chef beweisen wollte, als es um die Beförderung zur Teamleitung ging. Aber als ich an dem Bericht saß, hat es sich ganz anders angefühlt. Bei uns im Business Development geht es immer nur um Zahlen, Wachstum und Gewinne. Und wenn wir am Ende des Jahres wieder bessere Zahlen und Wachstum nachweisen können, sind alle glücklich. Dass dafür das Team viel zu oft Überstunden machen muss und zum Beispiel Mitarbeitende, die Kinder haben, sich gefühlt zwischen Job und Familie entscheiden müssen, das interessiert niemanden – alles, was im Nachhaltigkeitsbericht am Ende irgendwie noch gut verkauft werden kann, reicht da aus. Das passt doch irgendwie alles nicht zusammen? Naja, das Ende vom Lied war, dass ich zwar den Bericht fertig hatte, aber auch ein ganz komisches Bauchgefühl und drei Stunden später als sonst nach Hause kam. Weil ich mich konzentrieren wollte, hatte ich mein Handy auf lautlos geschaltet und gar nicht gemerkt, dass Jan mehrfach versucht hatte, mich anzurufen. So kam ich erst nach Hause, als Emmy schon im Bett war und das Essen, das Jan für uns gekocht hatte, schon längst kalt geworden war – auch kein gutes Gefühl."

Lia schüttelt den Kopf: „Carmen, du setzt dich einfach viel zu sehr unter Druck. Du kannst nicht bei der Arbeit und als Mutter immer 150 % geben." Carmen nickt. „Ja, du hast Recht, aber ich will auch nicht unterschätzt werden. Von allen Seiten wird mir das Gefühl gegeben, etwas falsch zu machen. Zurück zu meiner Geschichte: Auch wenn Jan an dem Abend enttäuscht war, bin ich am Mittwochmorgen total motiviert zur Arbeit gefahren. Ich habe mich irgendwie darauf gefreut, allen zu erklären, dass der Bericht, den alle vor sich herschoben, schon fertig ist. Aber nein… Alle sagten nur, dass das gar nicht meine Aufgabe gewesen wäre und ich ruhig schauen soll, dass ich erstmal langsam wieder reinkäme. Weil mich das alles so beschäftigt hat, habe ich dann das Gespräch mit meinem Chef gesucht. Denn wie du gesagt hast, er hat immer viel von mir und meiner Arbeit gehalten. Aber das Gespräch war im Endeffekt ernüchternd. Er hat sogar noch Späße gemacht, ich könne doch froh sein, wenn die anderen nun mehr von meiner Arbeit übernähmen. Von meinen Vorschlägen zu Maßnahmen wie Homeoffice, Betreuungsangeboten, Sensibilisierung des Teams oder Teilzeitangeboten wollte er erst recht nichts hören. Vor meiner Schwangerschaft war ich für ihn immer die erfolgreiche Führungskraft, die er geradezu bewundert hat vor allen anderen. Und jetzt ist es, als wäre meine Rolle als Mutter plötzlich wichtiger als meine beruflichen Leistungen."

„Das tut mir leid! Ich kenne dich so gar nicht, du hattest doch immer so viel
Spaß an deiner Arbeit und ich weiß auch, wie gut du in deiner Arbeit bist. Das
muss dein Team doch auch sehen." „Genau das dachte ich erst auch. Aber weißt
du was? Wenn sie es nicht sehen und nichts an ihren Strukturen ändern wollen,
muss ich mich auch nicht verbiegen. Ich bin wirklich gut in meiner Arbeit und
wenn es bei *MedicoPharm* nicht genug gesehen und wertgeschätzt wird, um auf
meine Bedürfnisse als Führungskraft und Mutter einzugehen, dann ist es vielleicht an der Zeit weiterzuziehen. Ich kann Mutter und erfolgreich im Job sein,
das lasse ich mir von niemandem ausreden. Jetzt fällt mir auch erst auf, wie
viele Mitarbeiterinnen über die Jahre nach der Elternzeit nicht mehr zurückge-
kommen sind und nun woanders arbeiten. Und jetzt komme ich zu dem Punkt,
an dem es spannend wird." „Jetzt erst?", lacht Lia ihr entgegen. „Wovon ich dir
eigentlich erzählen will: Ich habe mich mit Thea getroffen, mit der ich nach dem
Studium zusammen bei *MedicoPharm* angefangen habe. Sie war damals nach
ihrer Elternzeit auch nur ein halbes Jahr wieder bei uns, bevor sie gekündigt hat.
Damals meinte sie, sie wolle sich umorientieren, das kann ich jetzt erst nachvoll-
ziehen. Auf jeden Fall habe ich sie nach dem ganzen Auf und Ab der vergangenen
Wochen angerufen, um mich mit ihr zu treffen und mal auszutauschen. Thea hat
sich auch total gefreut und ist einen Tag später zu uns zum Abendessen gekommen. Dann hat sie mir von einer Idee erzählt, an der sie schon länger arbeitet
und wollte mich mit an Bord holen. Es geht darum, eine eigene ganzheitliche
Unternehmensberatung zu gründen. Eine Beratung, in der es für die Kund:innen
aber eben nicht nur darum geht, schwarze Zahlen zu schreiben, sondern zum
Beispiel auch darum, sie in Change Prozessen strategisch zu unterstützen hin
zu mehr sozialer Nachhaltigkeit und zu einem guten Vereinbarkeitsmanagement.
Dass eine solche ganzheitliche Beratung dringend gebraucht wird, habe ich ja
jetzt am eigenen Leib erfahren. Thea hat hierzu auch schon einen Businessplan
erstellt und möchte mich als Co-Founderin gewinnen. Das klingt so verrückt,
Lia, aber ich glaube, ich werde das wirklich mit ihr durchziehen." „Wow, Carmen. Das klingt so spannend! Ich finde die Idee richtig gut. Erzähl', wie genau
hast du dir das vorgestellt?". „Ich bestelle uns eben noch zwei Cappuccino und
dann erkläre ich dir alles, ok?"

Schluss

Dieses Essential hebt die Bedeutung von Innovation, Diversität und Sichtbarkeit von Frauen in innovativen Bereichen hervor. Es illustriert gängige Stereotype und Geschlechterungleichheiten in Innovationsprozessen, die durch traditionelle Ansichten und strukturelle Barrieren erhalten und verstärkt werden. Durch die Auseinandersetzung mit den vorgestellten Geschichten von Innovatorinnen werden diese Vorstellungen herausgefordert, was zu einem Perspektivwechsel und persönlicher Reflexion anregen kann. Die Fallstudien verdeutlichen, dass die Beteiligung von Frauen an Innovationsprozessen essenziell ist, um das Innovationspotenzial der Wirtschaft auszuschöpfen. Die Sammlung bietet Einblicke in unterschiedliche Sektoren und Tätigkeitsfelder und eröffnet so neue Perspektiven auf Innovationsprozesse und das Innovationsmanagement.

In einer Welt, die von ständigem Wandel und komplexen Herausforderungen geprägt ist, sind Innovationen unverzichtbar. Daher werden in der vorliegenden Fallstudiensammlung die Bedeutung von Innovationen, Diversität und Sichtbarkeit herausgestellt und die Beiträge und Herausforderungen von Frauen in innovativen Bereichen in den Blick genommen.

Die Geschichten der Innovatorinnen verdeutlichen, dass individuelle „Innovationsbiografien" keineswegs gradlinig und prognostizierbar, daraus entstehende Innovationen und Erfolge jedoch – oder vielleicht gerade deswegen – unverzichtbar für den Fortschritt unserer Gesellschaft sind. Die Fallstudiensammlung beleuchtet Innovation in verschiedenen Sektoren und Branchen, die Innovatorinnen in unterschiedlichen beruflichen Positionen. Sie bietet den Lesenden damit Raum für eine persönliche Standortbestimmung und Erweiterung des eigenen (theoretischen) Innovationsverständnisses. Dies eröffnet insbesondere für Studierende sowie (angehende) Fach- und Führungskräfte neue Perspektiven auf

Innovationsprozesse und das Innovationsmanagement. Die Sammlung betont darüber hinaus die Notwendigkeit, eigene Innovationen nicht nur zu entwickeln,
sondern auch innerhalb der eigenen Fachcommunity und der Öffentlichkeit zu
präsentieren und sichtbar zu machen, um den persönlichen sowie den Erfolg
der Innovation zu maximieren und gleichzeitig Vorbild für Innovator:innen von
morgen zu sein.

Publisher Erratum zu: Innovatorinnen gestalten Zukunft

Publisher Erratum zu:
J. Voß et al., *Innovatorinnen gestalten Zukunft*, essentials,
https://doi.org/10.1007/978-3-658-44927-8

In der ursprünglich veröffentlichten Fassung dieses Buches fehlte in allen Kapiteln der erste Absatz in der PDF-Version und im gedruckten Buch. In der HTML-Version war er fälschlicherweise nur als Zusammenfassung angezeigt worden. Jetzt wurde er in allen Kapiteln hinzugefügt. Durch die nachträgliche Anpassung haben sich einige Seitenzahlen geändert.

Die aktualisierte Version des Buches finden Sie unter
https://doi.org/10.1007/978-3-658-44927-8

J. Voß et al., *Innovatorinnen gestalten Zukunft*, essentials,
https://doi.org/10.1007/978-3-658-44927-8_9

Was Sie aus diesem *essential* mitnehmen können

- Sie verstehen Zusammenhänge zwischen Innovation, Diversität und Sichtbarkeit
- Sie wissen um gängige Stereotype und Geschlechterungleichheiten in Innovationsprozessen
- Sie können unterschiedliche Beiträge von Frauen in innovativen Bereichen benennen
- Sie konnten Ihr eigenes Innovationsverständnis reflektieren und erweitern

Printed by Printforce, the Netherlands